Alain Boubag

Une théologie pour une éthique écologique

Cover image: www.ingimage.com

Publisher:
Éditions Croix du Salut
is a trademark of
International Book Market Service Ltd., member of OmniScriptum Publishing Group
17 Meldrum Street, Beau Bassin 71504, Mauritius

Printed at: see last page
ISBN: 978-613-7-36978-4

UNE THÉOLOGIE POUR UNE ÉTHIQUE ÉCOLOGIQUE
Théologie et Justice climatique

Dieu regarde tout ce qu'Il a fait. Et Il voit que c'est une très bonne chose.

Pour le respect de la planète!

TABLE DES MATIÈRES

actuellement vivant ne peut être considéré comme légitimement parlant en leur nom et les représentant. »[6] En effet le concept de générations futures tel que présenté, pose quelques problèmes de compréhension dans la manière de l'aborder. Qui sont-elles, ces générations futures?

> Qui sont ces gens que nous prétendons protéger alors qu'ils nous sont de parfaits étrangers, dont les goûts et jusqu'aux besoins nous échappent? Précisément, tout est là: la volonté, désir de protéger l'avenir, incarnée dans ces êtres mythiques, implique de laisser les options ouvertes. Qu'ils trouvent la terre en l'état. Les préserver signifie donc la préserver: le souci des générations futures rejoint celui de l'intégrité de la planète, hic et nunc.[7]

Johan De Tavernier expose les thèses de Richard T. De George et de Ruth Macklin selon lesquelles, parler de générations futures à l'heure actuelle, et plus encore leur accorder des droits alors qu'elles n'existent nulle part, relève de l'inadmissible. Ce sont des personnes dont le statut moral et même humain n'est ni établi ni défini. S'embarquer dans une pareille situation, c'est créer un imbroglio duquel l'on aura du mal à se sortir.[8]

Axel Gosseries va aborder dans le même sens que Vial aussi, tout en concédant que le caractère arbitraire n'enlève en rien aux générations futures la possibilité de leur existence future probable mais pas certaine. C'est en partant de cette probabilité que Gosseries pense que des droits même infimes pourraient être concédés aux générations futures. Le fait qu'il y ait eu des générations avant nous, est l'évidente probabilité qu'il y en aura d'autres après nous. La question serait peut-être de savoir quand arriveront-elles? Dans quel espace temporaire pourrons-nous les situer?

Gosseries pense qu'accorder aux générations futures des droits serait une sorte de justice car notre existence actuelle a été 'soigneusement' préparée et garantie par les générations antérieures. La réciprocité voudrait que les générations actuelles rendent la pareille aux générations futures. « Prendre les générations futures au sérieux, c'est au contraire montrer tant ce que la justice exige à leur égard que ce que nous ne sommes pas capables aujourd'hui de justifier en leur nom. »[9]

Pour mieux présenter son argumentation sur les droits qui doivent être accordés aux générations futures, Gosseries met en place les concepts de *maxime justificative et maxime substantielle.*[10] La première consiste à reconnaître que nous sommes redevables aux générations futures par le simple fait d'avoir reçu et bénéficié des largesses des générations précédentes. Tandis que la seconde stipule que le fait d'avoir reçu des biens des générations précédentes nous invite à être sensibles et attentifs à ceux qui viendront après nous. Gosseries n'utilise pas le concept de droits des générations futures, mais il insiste sur le fait qu'une

---

[6] Gilbert Hottois (éd.), *Nouvelle encyclopédie de bioéthique : médecine, environnement, biotechnologie*, (Bruxelles: De Boeck Université 2001), 472.

[7] Martine Rémond Gouilloud, "Le kaleidoscope," *Ethique* 13, n°3 (1994), 72.

[8] Voir Johan De Tavernier, "Which responsibilities for future generations?," 214-215. Il faut souligner que plus tard dans ce même article, Johan De Tavernier, en examinant, les réflexions de J.A. Nash, J. Feinberg, et A. Baier, va montrer qu'il y a une légitimité à reconnaître des droits aux générations futures.

[9] Axel Gosseries, *Penser la justice entre les générations. De l'affaire de Perruche à la réforme des retraites*, (Paris: Flammarion, 2004), 13.

[10] Gosseries, *Penser la justice entre les générations,* 149.

certaine considération doit leur être accordée. Il élucide le fait que les générations présentes aient reçu de leurs prédécesseurs des données économiques matérielles sur lesquelles elles se sont appuyées pour bâtir leur présent et construire leur avenir. Ce fait, selon lui, doit être une source de motivation pour les générations présentes afin qu'elles puissent léguer, à leur tour, des biens et richesses sur lesquelles les générations futures pourront aussi bâtir leur future existence.

Christian de Perthuis relativise le fait que les générations futures n'aient pas de droits comme tel. C'est aux générations actuelles de prendre leurs responsabilités vis-à-vis des générations futures.[11] Le fait que nous n'ayons pas une vision claire et nette à l'égard des générations futures ne doit pas être une raison pour continuer à polluer l'atmosphère et dégrader l'environnement. Etant donné que la fin du monde ne surgira pas avec les générations présentes, des circonstances atténuantes doivent être accordées aux personnes futures, et au moins à cause de cela, une planète saine et accueillante doit leur être réservée. Or si nous continuons à nous servir des ressources naturelles telles que les plus puissantes nations le font encore aujourd'hui, il n'est pas sûr que les personnes futures puissent trouver un environnement accueillant et propice pour leur éclosion humaine et communautaire. Le concept de *patrimoine naturel* est aussi d'actualité lorsqu'il s'agit d'évoquer le sort des générations futures. Ces générations auront sans doute besoin des mêmes ressources dont les générations présentes font usage aujourd'hui. Etant donné que l'univers est le même à quelques détails près, les générations actuelles ont à veiller à ce que quelque chose soit légué à ceux qui viendront après nous. Le patrimoine naturel est le socle sur lequel repose cet héritage dont les générations futures auront besoin.

> Pour beaucoup, et ceux qui luttent depuis bien longtemps pour la conservation de la nature en font partie, la nature est perçue comme un patrimoine, comme un héritage à transmettre dans son intégralité aux générations futures (...) On veut conserver la nature dans ce qu'elle a de rare, d'exceptionnel; tel milieu, tel espèce, issus du passé, on ne veut plus que cela change. Et cette richesse, il faut faire en sorte qu'elle soit transmise, aux générations futures, sans altération.[12]

A défaut de 'droits des générations futures', Edith Brown Weiss recommande une véritable justice à l'égard de ces générations. Elles n'ont rien fait pour bénéficier de ce que leur lègueront les générations présentes, mais elles ne demandent pas non plus à faire partie de ce monde absolument. Si ces générations arriveront un jour, c'est bien parce que les générations actuelles l'auront décidé ainsi.

> Si aucun droit ne peut être concédé à la génération future, il va de soi que les générations actuelles doivent rester justes (justice) envers elles-mêmes et envers celles qui arrivent. Si nous avons reçu des personnes précédentes de quoi nous nourrir et de quoi nous vêtir,

[11] Voir Christian de Perthuis, *La génération future a-t-elle un avenir?* (Paris : Belin-Collection Ulysse, 2003), 78.

[12] Blandin, "L'Ecologie à la rencontre de l'Ethique," 50.

> pourquoi ne le ferions-nous pas pour ceux qui viendront après nous? Ce n'est pas essentiellement une question de droit, mais bien une question de justice.[13]

Pour R. Coste, il ne faut en aucun cas balbutier et hésiter de parler des droits des générations futures. Même si elles ne sont pas encore présentes, elles ont des droits que les générations actuelles doivent respecter rigoureusement. Il n'est pas question de renvoyer cette question aux calendes grecques mais bien d'en faire mention avant que la dégradation environnementale n'atteigne son seuil de non-retour.

> Il est trop peu de parler seulement des 'intérêts' des générations futures. Il faut parler carrément de leurs *droits* au sens pleinement éthique et juridique du terme. Car il s'agit de personnes comme nous. Du point de vue philosophique comme théologique, la planète-terre leur appartient autant qu'à nous, par droit de naissance. Il ne s'agit pas d'un héritage dont nous puissions faire ce que nous voulons. Nous avons le droit et le devoir de gérer notre planète et d'en utiliser raisonnablement les ressources à notre profit, mais nous n'avons pas le droit de la dégrader. Il faut absolument revenir au principe théologique de la gérance de la création. Nous sommes les gérants de la planète-terre et non pas ses propriétaires. La propriété 'juridique', collective ou privée, qui peut être légitimement la nôtre de certaines de ses ressources n'autorise jamais leur dégradation pour l'avenir.[14]

Il est, dans tous les cas, difficile de parler des droits des générations futures. Cela n'empêche qu'une certaine démarche soit menée à leur égard en fonction des challenges et des défis qui seront les leurs lorsque les générations présentes auront disparu. Que l'intention de transmettre aux générations futures les richesses de ce monde soit en nous ou pas, la logique de la succession des générations veut que notre pensée soit aussi tournée vers ces générations qui vont arriver. Ce n'est pas une intention innée, mais la bienséance et l'ordre naturel des choses font qu'au fil des années les générations présentes aient la présence d'esprit que des générations futures vont nécessairement suivre.

> Si nous voulons transmettre, nous devons être aujourd'hui responsables de quelque chose pour lequel nous prenons des engagements pour demain. Il faut donc réfléchir au futur de la biodiversité, mémoire de la vie. Si l'on se place, et cela s'impose, dans une perspective réellement évolutionniste, il ne s'agit plus seulement de conserver figée la mémoire du passé, mais de transmettre des possibilités d'évolution (…) Cette question est totalement éthique. Parce que l'avenir de la nature est indissociable de l'avenir de l'homme, parce que les projets que les hommes font aujourd'hui pour la nature sont indissociables des projets qu'ils formulent pour les hommes de demain.[15]

---

[13] Brown Weiss, *In Fairness to Future Generations*, 23.
[14] Coste, *Dieu et l'Ecologie*, 138.
[15] Blandin, "L'Ecologie à la rencontre de l'Ethique," 52.

1.1.2 Nos obligations morales envers les générations futures

Comme l'ont suggéré Gosseries et Weiss dans la section précédente, parler des droits des personnes qui ne vivent pas encore relève du surréaliste. Cependant une totale indifférence à leur égard ne serait pas non plus de bonne augure. Si les générations futures, non-présentes, ne peuvent avoir des droits, alors les générations présentes doivent se mettre dans une position où elles doivent assurer au moins un accueil chaleureux aux générations qui vont arriver même si « un impact négatif sur le sort des personnes futures ne constitue pas nécessairement un dommage à ces personnes. »[16]

Pour Gosseries, l'obligation morale requise des générations actuelles envers les générations à venir pourrait se résumer comme suit:

> Si la génération de nos parents a reçu de ses propres parents un gâteau de biens d'une taille donnée et que le gâteau dont nous avons nous-mêmes hérité de nos parents ne correspond qu'à la moitié de ce gâteau initial, nous serions tenus envers nos propres enfants de leur transmettre non pas l'équivalent du petit gâteau que nous avons effectivement reçu, mais plutôt de nous serrer la ceinture afin de transmettre à nos enfants l'équivalent du grand gâteau que nous aurions dû recevoir.[17]

Ceci est une invitation claire et nette à ne pas rester insensibles à ceux qui viendront après nous. Si on peut encore discuter du fait que les générations futures peuvent ou ne pas avoir des droits, par contre pour les personnes présentes, il est clair qu'elles doivent assumer leur rôle de protecteurs et de procréateurs. La pensée de Gosseries montre qu'en fait ce n'est même pas en termes d'*obligations morales* qu'il faut parler mais plutôt de *dette morale.* Non pas que les personnes actuelles soient débitrices de quoi que ce soit à l'égard des personnes futures mais simplement par le fait qu'elles aient hérité de certaines richesses, elles se doivent de conserver ces biens, les fructifier pour en faire don à ceux qui viendront dans le futur.

> Il est des biens qui nous viennent de nos pères et des pères de nos pères; ils nous sont échus à charge de les transmettre à nos fils, puis, à travers eux, à ces autres qui viendront après. On les appelle 'patrimoine' certains disent 'héritage', mais le mot est vieilli. Cette fonction explique tout: la connaissance de l'avoir comme la fortune du mot. Le patrimoine en effet n'appartient pas: il est confié, à charge de remettre aux suivants de la chaîne. C'est pourquoi il ne doit pas être dilapidé mais soigné, afin d'être préservé en l'état.[18]

La crise écologique exige de porter un regard très objectif sur le futur et ses contemporains. De quelle nature sera le ciel et climat dont bénéficieront les personnes futures? En tant que personnes actuelles contribuant à un degré propre à la pollution de l'environnement, comment entrevoyons-nous le futur de nos arrières petits enfants?

Gosseries parle de se 'serrer la ceinture' comme pour dire que tout ne nous est pas permis et que tout ne nous sera pas permis. Bien au contraire la préservation du gâteau

---

[16] Gosseries, *Penser la justice entre les générations*, 43.
[17] Gosseries, *Penser la justice entre les générations*, 151.
[18] Rémond Gouilloud, "Le Kaléidoscope," 73.

commun est une tâche exigeante. Il nous faut prendre soin de cela et inviter les personnes futures à prendre part à ce festin. La préservation de la faune, de la flore, de la couche d'ozone et de l'environnement en général doit constituer un challenge duquel aucun individu ne devrait se dérober. Il est normal et évident qu'avec la démographie galopante, les ressources naturelles soient de plus en plus sollicitées et exploitées. Se 'serrer la ceinture', c'est aussi utiliser *le juste nécessaire* pour laisser aux générations futures ce dont elles auront besoin pour leur existence.

Franz J. Broswimmer note avec beaucoup d'inquiétude qu'

> aujourd'hui encore, ce sont 100 espèces animales et végétales qui ont disparu (de la planète), quelque 50 000 hectares de forêt tropicale humide qui ont été anéantis; les déserts se sont agrandis dans le monde de 20 000 nouveaux hectares; l'économie mondiale a consommé aujourd'hui l'équivalent de 22 millions de tonnes de pétrole et, par conséquent, nous aurons, durant ces mêmes 24 heures, collectivement relâché dans l'atmosphère 100 millions de tonnes de gaz à effet de serre de plus...[19]

De tels rapports alarmants confirment de plus belle qu'il y a des obligations auxquelles les générations présentes doivent se conformer auquel cas, l'existence des personnes futures serait compromise, sinon anéantie.

La dégradation de la couche d'ozone et de la planète tout entière constitue un échec vis-à-vis de notre manière de vivre et aussi de la place que représente l'autre dans le contexte économique, moral et humain actuel. Gosseries établit clairement que notre responsabilité à l'égard des générations futures doit être engagée et perspicace. Il faut absolument que les générations présentes s'assurent que les générations futures trouveront des structures prêtes à les accueillir et à les recevoir.

Cependant, Gosseries reconnaît que la responsabilité des générations présentes à l'égard des générations futures n'enlève pas à tout être humain le côté débiteur qui le caractérise dès sa naissance. Il reprend l'image d'un bébé qui dès qu'il arrive dans ce monde est, selon lui, débiteur à l'égard de tout et de tous. Tout ce que nous faisons, tout ce que nous avons, l'air que nous respirons, les aliments que nous mangeons; tout, mais absolument tout est trouvé dans ce monde. Et ce que nous trouvons dans ce monde, a été le fruit, sinon l'aboutissement d'un travail fructueux mené par d'autres. A ce point, nous sommes débiteurs de quelque chose à nos ancêtres de quelle que manière que ce soit. Gosseries montre parfaitement que dès que l'enfant a fini l'allaitement et doit utiliser les aliments de ce monde, à partir de ce moment là, il devient un parfait débiteur. Tous ces mouvements, actes, gestes et autres seront débités sur le compte de la nature. Il n'y a plus rien qu'il fera sans pouvoir solliciter la nature. Et solliciter la nature c'est utiliser, c'est mettre à profit ou faire usage de ce que les ancêtres et les défunts ont laissé. Or si nous utilisons ce que les morts ont laissé, à qui sommes-nous tenus de payer cette dette puisque les 'ayant-droits' n'existent plus?[20] Gosseries répond à ce point d'interrogation avec une réponse tout aussi tranchante. Il reste convaincu

---

[19] Franz J. Broswimmer, *Ecocide : Une brève histoire de l'extinction en masse des espèces*, 37.
[20] Voir Gosseries, *Penser la justice entre les générations*, 164.

que toutes les richesses du monde ont été amassées pour qu'elles servent tous ceux qui, d'une manière ou d'une autre « seront appelés à la vie. »[21] Cette idée de l'homme débiteur est aussi reprise et analysée par D. Folscheid: « L'homme, sitôt qu'il existe, apparaît ainsi en dette de la nature. Etrange débiteur, dira-t-on, que celui qui vit sur la bête. Mais étrange créancier aussi qui fonctionne à guichet ouvert en ne présentant jamais l'état des comptes. C'est pourquoi, il incombe à l'homme d'assumer les deux rôles, en mettant de la moralité dans ses rapports avec l'amorale nature. »[22]

Les concepts de réciprocité directe et indirecte évoquées par Gosseries dans son ouvrage sont là pour démontrer que l'intérêt que les générations présentes montreront aux générations à venir constituera le point d'achoppement qui raffermira le nœud des relations entre générations. Comme cela a été exprimé plus haut, même si les générations futures ne peuvent faire valoir leurs droits aujourd'hui, la responsabilité de veiller au patrimoine commun qu'est l'environnement incombe aux générations actuelles. Il est important et capital de veiller à ce que les générations futures trouvent le minimum nécessaire à leur survie quand elles arriveront sur cette terre. La survie de l'espèce humaine y passe aussi, car si chaque génération ne regarde que l'espace temporel qui est le sien sans se soucier de celui de celles qui viendront après, ce sera la fin de l'*homo sapiens* comme le suggèrent Mihajlo Mesarovic et Eduard Pestel.[23]

L'attention morale aux générations à venir pourrait être substituée par le concept de responsabilité telle que le développe si bien André Talbot: « ... les questions relatives à l'environnement conduisent à penser la responsabilité humaine à l'égard des générations à venir. »[24] Talbot considère que les différentes pollutions subies par le sol, l'eau, et l'atmosphère continueront à avoir des effets néfastes sur le monde et les générations futures pendant encore plusieurs décennies, voire même des siècles.

Ces différentes pollutions constituent, à ses yeux, de véritables preuves de l'égoïsme dans lequel se trouve enfermée la nature humaine. Ce cycle vicieux doit absolument être éradiqué pour laisser la place à une responsabilité morale et digne à l'égard des générations futures. A côté de cette responsabilité morale, il faut ajouter la mise en valeur du 'principe de réciprocité' qui requiert que soit toujours pris en compte l'effet négatif que pourraient avoir nos actions d'aujourd'hui sur les générations de demain. D'ailleurs, on ne pourra même pas parler de générations futures si cette responsabilité n'est pas exercée par les générations actuelles à tous les niveaux: environnemental, économique, politique, moral et humain. Jean-Paul II évoque à ce sujet une *responsabilité écologique*.[25] Cette responsabilité est et doit être orientée vers la vie, car c'est cela que l'éthique recherche en premier lieu. Une vie qui est pleine quantitativement et qualitativement, vers laquelle tous les êtres humains avec leur environnement devraient aspirer. Cette responsabilité apparaît sous une forme éthique relative

---

[21] Gosseries, *Penser la justice entre les générations*, 164.

[22] Folscheid, "Pour une Philosophie de l'Ecologie," 34.

[23] Mihajlo Mesarovic & Eduard Pestel, *Stratégie pour demain. Deuxième Rapport au Club de Rome* (Paris: Editions du Seuil, 1974), 154.

[24] André Talbot, "Le développement solidaire et durable: une perspective éthique" in Marc Stenger (ed.), *Planète Vie, Planète Mort, L'heure des choix*, 147.

[25] Jean-Paul II, "Message pour la journée mondiale de la Paix," *L'Osservatore Romano* du 14 janvier 1990. Jean-Paul II lance une invitation " à l'éducation et à la responsabilité écologique."

à la réalité écologique des problèmes de l'environnement. Pour Folscheid, cette responsabilité doit être une réponse à un appel, « c'est l'appel de la vie à la vie. »[26]

Cette manière de porter un regard sur les générations futures pourrait constituer une porte de sortie viable pour ce qui peut être entrepris en leur faveur. Les obligations, les droits et les valeurs n'ont de sens que lorsqu'ils sont assumés avec responsabilité et maturité. Il est vrai qu'il y a des actes que nous posons juste parce que l'Etat nous le demande, mais y mettre de la maturité et du respect, c'est cela la responsabilité. Payer ses impôts ou ses redevances foncières à l'Etat chaque année peut être considéré comme un devoir, voir une obligation, mais accomplir cette tâche en connaissance, de cause, c'est le faire de manière responsable. Si nous nous inquiétons pour les générations futures, il nous faut savoir qu'avant nous, il y en a qui se sont inquiétés pour nous, sans cela, nous ne serions probablement pas là aujourd'hui.

Ce débat sur la responsabilité nous amène à reconsidérer la question essentielle que se pose Johan De Tavernier dans son article évoqué plus haut. Il se demande si la vraie question aujourd'hui n'est pas de savoir le 'comment' de notre responsabilité à l'égard des générations futures? Mais il faut répondre à la question de savoir quel sera le degré, la qualité de notre responsabilité par rapport à ceux qui viennent après nous car les différentes entités scientifiques ont clairement établi que nos actions affectent le bien-être des générations à venir.[27] Il établit que la venue des générations futures doit être rendue actuelle et possible par ceux qui occupent la planète aujourd'hui. « Il relève de notre responsabilité de rendre effective la venue des générations futures en évitant d'entreprendre des actions qui pourraient endommager et rendre impossible leur venue. »[28] Les obligations qui doivent être celles des générations présentes à l'égard des générations futures peuvent se résumer aux responsabilités d'ordre moral, éthique, environnemental, humain et physique. Le terme 'obligation' semble être assez fort pour évoquer la relation 'générations présentes-générations futures', mais précisons à ce niveau que le terme de responsabilités pourrait lui être substitué pour manifester de manière simple et normale le rôle que doivent jouer les actuelles générations à l'égard de celles qui viendront ultérieurement. Cette responsabilité a un caractère obligatoire car le devoir de rendre le monde accueillant à l'égard des générations futures est une tâche que les présentes générations devront assumer avec exigence.

1.2 RESPONSABILITÉ MORALE ET JUSTICE DANS LE CADRE DU CHANGEMENT CLIMATIQUE

1.2.1 La justice distributive

La question du changement climatique posera, pendant un temps encore plus long, la question de la justice sous toutes ses formes. Les dégradations provoquées par les différentes catastrophes naturelles ont créé des coupures diverses dans ce monde; elles ont aussi contribué à favoriser une scission entre riches et pauvres. La bipolarisation mondiale que subit notre planète en matière d'environnement, engendre une scission claire et nette entre ceux qui ont les moyens de faire face aux catastrophes naturelles et ceux qui ne le peuvent pas. Cette

---

[26] Voir Folscheid, "Pour une Philosophie de l'Ecologie," 29.
[27] Voir De Tavernier, "Which responsibilities for future generations?," 213.
[28] De Tavernier, "Which responsibilities for future generations?," 218.

bipolarisation est à l'origine de certains conflits dont le plus grand reste celui de la répartition de l'accès ou non aux richesses de ce monde.

> Des nations, des régions, des catégories sociales, qui se présentent elles-mêmes comme développées, se permettent un rapport aux biens disponibles qui affecte gravement le patrimoine commun. Aussi, les problèmes relatifs à l'avenir de la planète ne peuvent être déliés d'un jugement moral portant sur les injustices qui fracturent l'humanité aujourd'hui. De manière positive, la question écologique doit être traitée conjointement avec celle de la justice distributive.[29]

Pourquoi faire recours à la justice distributive? Elle semble assurer un équilibre durable dans le fonctionnement de nos différentes sociétés. Avec la décadence environnementale, l'être humain est confronté à des problèmes d'ordres divers face à des sociétés en pleines mutations. La justice distributive est de mise aujourd'hui et elle requiert l'assentiment de tous pour qu'elle soit mise en exergue. La justice distributive tient compte des mérites et des forces de chacun et récompense l'individu en fonction des besoins requis. Elle est établie pour limiter et réduire les inégalités entre individus, entre races et couches sociales.

Dans l'Antiquité déjà, Aristote parle de cette justice comme d'une justice sociale. C'est une justice qui combat l'exploitation de l'être et l'inégalité qui existe dans les différentes sociétés.[30] Si l'objectif premier de tout individu est d'œuvrer au bien de la cité (Polis), ceci requiert et présuppose que les plus forts doivent soutenir les plus faibles et que les plus riches doivent aider les plus pauvres afin que les inégalités surtout, sociales, ne transparaissent pas de manière flagrante. Pour Aristote, la justice distributive consiste dans « la recherche et la distribution des honneurs ou des richesses répartis entre les membres d'une même communauté. »[31] Il s'agit de tenir compte de chaque individu dans la distribution des biens matériels. A ceux qui ont déjà, peu leur sera donné, alors qu'à ceux qui sont dans le besoin, une attention particulière sera portée. Pour Aristote, il est important de distinguer la 'justice distributive' de la 'justice corrective'.[32] Tandis que la première essaie de redonner vie à ce que la société détruit, la seconde est très répressive.

Cette idée de justice distributive a été longuement reprise par Sallie McFague dans ce qu'elle considère comme étant la crise la plus aiguë des XXe et XXIe siècles. L'environnement a besoin de reconsidérer la justice distributive (que Thomas d'Aquin appelle 'aequalitas proportionis'[33]) si l'on veut atténuer les effets du changement climatique. Il n'est pas possible de continuer à vivre aujourd'hui comme lorsque nous vivions il y a 50 ans. Un changement s'impose dans les mœurs, les coutumes et les mentalités. La justice distributive, telle qu'elle la conçoit, n'est pas simplement basée sur le matériel et le physique. Il s'agit d'une prise de conscience collective et individuelle. Le contexte mondial d'il y a une

---

[29] Talbot, "Le développement solidaire et durable: une perspective éthique," 140.
[30] Aristote, *Politique*. Traduction française Pierre Pellegrin (Paris: Plon, 1928), 126.
[31] Aristote, *Éthique à Nicomaque*. Traduction Pierre Pellegrin (Paris: Flammarion, coll. « Gf, n° 947 », 1997), 71.
[32] Aristote, *Les Politiques*. Traduction de Pierre Pellegrin (Paris : Flammarion, coll. « Gf, n° 490 », 1999),57.
[33] Aquin (d'), *La Somme Théologique*, II^{a}, IIae, qu. 66, a.7.

cinquantaine d'années est fondamentalement différent du contexte actuel. Il y a des choses que l'on pouvait se permettre de faire il y a quelques années, mais que l'on ne pourrait plus faire aujourd'hui en raison du réchauffement global. « Nous ne pouvons plus continuer à nous enfermer dans nos bunkers, boire et dormir comme si rien ne se passait autour de nous. Une tragédie se développe, une tragédie que nous avons causée et que nous devons réparer avant que l'humanité tout entière ne subisse les effets pervers de nos travers. »[34] Elle est convaincue que des mesures doivent être prises aussi bien par le politique que le social pour créer une société avec bien moins d'inégalités sociales. Telle que notre société se présente, elle offre de trop nombreuses inégalités. Une simple analyse suffit à faire ressortir toutes ces inégalités. « Il ne sert à rien de demander à quiconque qui tire mieux profit des services de la nature? Sont-ce les pauvres ou les riches? Qui exploite mieux et tire mieux profit des ressources naturelles: les riches ou les pauvres? »[35] S. McFague est persuadée qu'une justice distributive passe par une certaine 'équilibration' des inégalités sociales. Il s'agit d'analyser la situation dans laquelle sont plongés ceux qui sont confrontés au changement climatique, ceux qui en souffrent le plus et chercher des voies et moyens pour les encourager à faire face aux altérations climatiques. La manière à travers laquelle elle aborde le sujet de la justice distributive, est à peu près analogue à celle d'Aristote, pour qui, chacun reçoit selon les mérites qui sont les siens. C'est une justice de l'égalité qui ne s'affiche pas clairement. Il s'agit de renouer avec une tradition dans laquelle le dû dévolu à chacun l'est en fonction de ses capacités et autres habilités à faire face aux défis naturels, sociologiques et moraux.[36]

Ces disparités sociales et économiques sont à la base et à la source du réchauffement global. Il n'y a aucune coordination dans la manière à travers laquelle les ressources du globe sont réparties et utilisées. Ceux qui ont plus, voudront avoir toujours plus et ceux qui n'ont rien s'enfonceront encore plus dans la misère; une misère qu'ils n'ont ni voulue ni méritée. Pourquoi une famille ordinaire se servirait-elle de trois ou quatre véhicules alors qu'un seul ou deux suffiraient largement à leur besoins quotidiens?[37] Telle est la justice distributive que prône Mc Fague. Encore trouve-t-elle, que cette justice distributive aujourd'hui pourrait être considérée comme une privation des libertés fondamentales des droits de l'homme. Alors pour contourner cela, Mc Fague propose que chaque famille ne se limite qu'au strict nécessaire, au strict minimum pour éviter la surconsommation. Si le temps où on pouvait distribuer à chacun selon ses revenus et ses richesses est révolu, il existe encore une manière de pratiquer la justice distributive: ne consommer que ce dont on a nécessairement besoin. Le superflu ne devrait plus être d'actualité.

Pour R. Coste, il est clair que les pays démunis auront peu de chance de parvenir au développement aussi longtemps que les riches détiendront un réel pouvoir sur l'extraction, l'achat et la vente des matières premières et tout ce qui est y relatif. La conséquence éthique qu'il y voit est que "les riches doivent vivre plus simplement afin que les pauvres puissent tout simplement vivre."[38]

---

[34] S. McFague, *The Body of God: An Ecological Theology*, 56.
[35] Mc Fague, *A New Climate for Theology* (Maryknoll N.Y.: Fortress Press), 2008, 127.
[36] Voir Aristote, *Éthique à Nicomaque*,89.
[37] Voir Mc Fague, *A New Climate for Theology*, 62.
[38] R. Coste, *Dieu et l'Ecologie*, 141.

Il y a un déséquilibre dans les rapports de force ente les pays riches et les pays moins nantis. A cela, il faut ajouter le pourcentage croissant des émissions des gaz à effet de serre alors que tous les pays parlent de réduire de 30 à 40 % la pollution avant 2020.[39] L'échec des différents sommets sur le Climat se fait mieux comprendre.

André Talbot[40] reste quant à lui très pragmatique pour ce qui est du lien de la justice distributive face à la question environnementale. Il réfute l'idée selon laquelle l'écologie doit être séparée de la justice distributive. Ces deux réalités vont de paire et doivent être traitées en fonction de cette commutativité. Il est intimement convaincu que la justice distributive peut redonner un souffle nouveau à la question de l'écologie car, avec elle, « il y a un dû au profit de chaque personne pour qu'elle puisse vivre, en raison de son appartenance à l'humanité. »[41]

Ce théorème est bien énoncé mais il a du mal à trouver ses marques dans une société dominée par le capitalisme, l'égoïsme et la recherche des biens. La gloutonnerie capitalistique ne fait aucune place à ces théories humanistes trop tendres. Marc Stenger ajoutera même une troisième justice, en plus des justices commutative et distributive: « On ajoute aussi une troisième forme de justice: la justice contributive. C'est une justice selon laquelle chacun a le droit et le devoir de participer au bien de l'ensemble. »[42] D'un point de vue climatologique, il s'agit de revoir les nœuds qui nous relient à la nature qui nous accueille.[43] Participer au bien de l'ensemble, ne revient à rien d'autre qu'à maintenir inviolées les cages naturelles desquelles nous sommes rétributaires. C'est un contrat social, économique, environnemental, politique, moral et de tout autre ordre dans lequel l'engagement de l'homme doit être plus probant par rapport au climat, à l'atmosphère et aux pollutions incessantes auxquelles l'on assiste depuis le début du XIXe siècle.

Pour C. van Gestel, « la justice distributive ne tend pas à une égalité arithmétique, mais à une égalité proportionnelle. Elle tient compte des possibilités et des mérites de chacun, tout en sauvegardant pour tous le respect des droits de la personne et l'égalité de la protection accordée par des lois. »[44]

Verra-t-on cette participation au bien de l'ensemble devenir effective un jour? Ce qui importe est de regarder avec objectivité comment la justice distributive peut être une aide précieuse si tous les états consentaient à l'appliquer. Ce à quoi nous assistons actuellement, c'est qu'il existe une lutte féroce pour l'accaparement de plus des biens possibles. On arrive ainsi à des situations où certains ont largement beaucoup plus que les autres. Ceci crée non seulement un déséquilibre au niveau économique mondial, mais cela contribue également à ne donner aucun répit à la course effrénée vers l'exploitation des matières premières. Cette

---

[39] Voir CCNUCC, "15e session de la Conférence des parties à la CCNUCC (Copenhague, 7-18 décembre 2009) : La Conférence des Nations Unies sur les changements climatiques se clôt à Copenhague par un accord politique sur le plafonnement du réchauffement, la baisse des émissions et l'augmentation du financement." Disponible sur http://unfccc.int/files/press/news_room/press_releases_and_advisories/application/pdf/pr_cop15_20091219_fra.pdf. Consulté le 26 septembre 2010.

[40] André Talbot est prêtre catholique, docteur en théologie et enseignant à l'Université de Poitiers et à l'Institut Catholique de Paris. Il a fait de l'environnement le cheval de bataille de sa carrière universitaire. Il entrevoit l'écologie et les questions d'environnement dans la perspective du respect de la création.

[41] Talbot, "Le développement durable: une perspective éthique," 140.

[42] Talbot, "Le développement durable: une perspective éthique," 140.

[43] Cf. *supra*, 20-25.

[44] Van Gestel, *La Doctrine Sociale de l'Eglise*, 142.

course constitue le danger le plus effarant que connaisse le climat. Or, une analyse minutieuse de la question de la justice distributive pourrait aider à réduire cette course effrénée. Cette question soigneusement a été évitée au sommet de Copenhague sur le Climat de 2009. Au lieu de discuter de cette question en session plénière pour que tous les états y prennent part, seuls les pays émergents, la Chine, le Brésil, l'Inde et l'Afrique du Sud, y ont été conviés. Le résultat que nous connaissons joue en défaveur des plus pauvres et des plus démunis. C'est pour cela que D. Hollenbach a toujours pensé qu' « il n'est tout simplement pas possible d'éliminer la question et la discussion sur le bien public si l'on veut affronter les problèmes urgent de notre siècle (pauvreté, discrimination, inégalités, biosciences, environnement). »[45] Il s'agit d'une allusion au bien commun dans la perspective du changement climatique. Si le bien commun ne se situe pas à la base des valeurs fondamentales et éthiques que veut suivre une société, la justice ne pourra pas s'établir de manière définitive et profonde.[46]

1.2.2 Justice et équité

En dépit des différentes caricatures économiques (société de plus en plus capitalistique) et morales (dégradation des mœurs et non respect des règles environnementales) qui ont travesti les sociétés des hommes, un appel vers plus de justice et d'équité reste d'actualité. Le changement climatique ne laisse personne indifférent et nécessite une mobilisation pour que l'on arrive à changer le cours des choses. Ce n'est pas parce que le changement climatique continue de dévorer notre environnement que les êtres humains ne doivent plus continuer à tirer la sonnette d'alarme. Si les plus grandes rencontres internationales en la matière comme Kyoto, Copenhague, Cancùn, Bonn, Paris[47] et autres n'arrivent pas à des résultats concrets et encourageants, il est nécessaire que tous les individus s'investissent dans la protection de l'environnement afin de pouvoir sauver ce qui peut l'être encore. Bien au-delà de grands discours internationaux et gouvernementaux, c'est l'implication personnelle et individuelle de chaque habitant de la planète qui est requise pour faire face au changement climatique.[48]

Les échecs récurrents des sommets internationaux seront toujours de mise aussi longtemps que les intérêts privés prendront le dessus sur les intérêts communs comme le soulignent si bien Stenger et Billet : « Nous en arrivons à considérer seulement nos propres intérêts et la perspective du gain immédiat et à nous fier trop facilement au paradigme technocratique. Nous en arrivons même à traiter nos compagnons humains comme de simples

[45] Hollenbach, *The Common Good and Christian Ethics*, 38.

[46] Voir Curran, *Catholic Social Teaching*, 189.

[47] Les Etats Unis, par la voie de leur président Donald Trump, ont rejeté les Accords sur le Climat de Paris 2015.

[48] Le pape François évoque une énorme déception face aux échecs répétés des sommets internationaux sur le climat. Les citoyens n'ont-ils pas le pouvoir de prendre la main pour trouver des solutions plus adéquates. « La faiblesse de la réaction politique internationale est frappante. La soumission de la politique à la technologie et aux finances se révèle dans l'échec des Sommets mondiaux sur l'environnement. Il y a trop d'intérêts particuliers, et très facilement l'intérêt économique arrive à prévaloir sur le bien commun et à manipuler l'information pour ne pas voir affectés ses projets. » François, *Lettre encyclique Laudato si'. Sur la sauvegarde de la maison commune* (Namur ; Fidélité, 2015), n°54.

objets. Il y a une crise écologique de la relation. Faut-il s'étonner que nos politiciens n'arrivent pas à élaborer des réponses appropriées ? »[49]

Le combat pour la justice a été mené par de grands penseurs tels que John Rawls. Rawls a institué le principe d'*égalité-liberté* dans sa théorie pensante de la justice pour arriver à créer un équilibre dans les relations interhumaines, inter-états et aussi dans les relations bilatérales. Pourquoi avoir développé pareille théorie?

Lorsque Rawls entreprend de rédiger son ouvrage référence[50] vers la fin des années soixante, les Etats Unis sont embarqués dans de périodes de turbulence marquées de manière spectaculaire par la réclamation des droits civiques plus justes entre différentes classes et couches sociales. C'est aussi à cette même période que la guerre du Vietnam (1959-1975) bat son plein. Rawls parle de justice en amorçant la conciliation non évidente entre les principes d'égalité et de liberté, convaincu que la démocratie libérale peut conduire à une justice sociale effective. La conciliation de ses deux principes qui semblent être opposés si l'on se résout à faire du terrain social, constitue une priorité dans la vie des êtres humains. Il s'exprimait ainsi: « La justice est la première vertu des institutions sociales comme la vérité est celle des systèmes de pensée. »[51] C'est en partant de là que va être conçu le *principe de liberté-égalité*[52], principe selon lequel chacun doit faire valoir ses droits sans pour autant empiéter ni déstabiliser la liberté de l'autre. Tout individu doit pouvoir se réaliser et accomplir des droits qui sont les siens et qui doivent l'aider à s'affranchir de toute forme de dépendance.

Il nous faut admettre que la *Théorie de la Justice* a développé de bien nombreux thèmes en relation avec les philosophies de Jean-Jacques Rousseau, John Locke et Emmanuel Kant. Nous voulons, dans le contexte qui est le nôtre, juste retenir ce qui nous aide à approfondir notre démarche de justice dans le contexte du changement climatique. Le principe de *liberté-égalité* doit créer une atmosphère d'équité dans laquelle chacun trouve sa place et son bonheur. « La justice comme équité, dit-il, est valable pour tous les peuples, toutes les sociétés peu importe les circonstances sociales et culturelles dans lesquelles ces personnes et ces sociétés se trouvent, la justice-équité est un idéal mondial. »[53] C'est à ce niveau, de la justice-équité, que l'Etat se réalise et prend une option pour les plus pauvres. Rawls rêve d'une société juste, d'une justice qui n'est pas oppressive, mais qui demande à chacun de prendre ses dispositions pour ne pas semer plus de division et d'écarts sociaux. Nous serons tentés de dire que la justice de Rawls est avant tout un modèle de politique sociale. Sa justice ne se présente pas comme une philosophie, mais bien comme une politique démocrate libérale, au sens propre du mot.

En faisant référence à cette conception de la justice de Rawls, il est clair que le changement climatique ne peut se permettre d'ignorer les principes qu'il évoque pour arriver à harmoniser les politiques des différents états en matière d'écologie et de programmes environnementaux. Pour commencer, les compensations dont sont débitrices les nations riches vis-à-vis des nations pauvres doivent être effectives. A côté de cela, il était difficile de

---

[49] Marc Stenger & Catherine Billet, « *Laudato Si'*: événement ecclésial et mondial », *Revue d'éthique et de théologie morale* 2016/1 (n° 288): 13.

[50] John Rawls, *Théorie de la Justice*. Traduction de Colette Audard (Paris: Editions du Seuil, 1987).

[51] Rawls, *Théorie de la Justice*, 29.

[52] Rawls, *Théorie de la Justice*, 34.

[53] Rawls, *Théorie de la Justice*, 72.

déterminer avec exactitude un pourcentage à long terme (2050) quant à la réduction des émissions des gaz à effet de serre. Les Etats Unis ont pris la résolution solennelle de faire des propositions concrètes quant à la réduction des émissions et une offre d'aide aux pays en voie développement qui ploient sous les effets du changement climatique.

La dette écologique[54] doit et peut être réglée de différentes manières. La solution de l'argent n'est pas la seule adéquate. Il y a de nombreux domaines dans lesquels les pays en voie de développement désirent et doivent recevoir de l'aide. Copenhague 2009 a amorcé un processus de compensation des torts subis par les pays en voie de développement en matière d'environnement et de changement climatique. Ce processus n'a pu aller jusqu'à son terme en raison de nombreuses dissonances venues de nombreux pays industrialisés. Un dialogue s'impose entre pays riches et pays pauvres pour déterminer la nature de l'aide à recevoir, en définir les termes et les différents aspects. Pour qu'il y ait justice soutient Rawls, il faut absolument que les inégalités créées soient réparées, que le déséquilibre généré soit restauré. C'est ici que Rawls relance l'idée du *principe de l'égalité des chances*,[55] un principe qui accorde à tout être humain le droit et le pouvoir de puiser dans les ressources communes, le droit de tirer profit de cette caisse commune. Il est clair et net pour Rawls, que les victimes des guerres, des différentes catastrophes, économiques, naturelles, et même les victimes des différentes maladies devraient être compensées pour les préjudices subis et surtout pour les inégalités qui résultent de ces désastres. A ce niveau, Gosseries rejoint Rawls, lorsqu'il affirme: « L'égalitarisme dans sa forme stricte est quant à lui une théorie distributive, qui se préoccupe du niveau relatif des personnes au regard d'un bien donné, le bien-être ou les ressources, par exemple. »[56]

De la sorte, une fois que justice et équité sont réunies, il y a possibilité de réduire les émissions de gaz carbonique dans l'espace et aussi retarder la fonte des glaciers de l'Atlantique, l'Alaska et autres grands océans. La question de justice est d'actualité dans les décisions qui régissent les débats sur le changement climatique. Aussi longtemps que certaines nations utiliseront plus de ressources que d'autres et en feront leurs propriétés privées, on n'aura rien résolu au niveau de l'environnement et de l'écologie. L'inégalité criante au niveau de l'exploitation des matières premières crée des écarts flagrants en matière de lutte contre les effets négatifs du changement climatique.[57] Contrairement aux biens publics globaux, le bien privé est excluant; il exclut tous ceux qui n'en sont pas propriétaires et n'a pour seul référant que le propriétaire. Que peut faire la communauté internationale devant les propriétaires des biens privés? Que faire devant la question de la propriété privée foncière? Certains pays développés ont hypothéqué les matières premières de quelques pays

[54] Il semble que ce concept a commencé à prendre forme durant les temps coloniaux du XIXe siècle où des vastes quantités de matières premières sont transférées de l'Afrique vers l'Europe à des prix relativement bas. Cela sera accompagné de vastes émissions de CO_2. Ces matières premières, étaient transportées vers les pays européens et ont largement contribué à lancer la production mondiale industrielle. La 'dette écologique' renvoie au pillage outrancier auquel se sont livrés les pays du Nord à l'égard des pays dits émergeants. Avec ce pillage, une dette a été contractée et les pays du Nord, ont aujourd'hui, l'obligation morale d'aider les pays pauvres à faire face au réchauffement climatique. La légitimité de cette dette n'est garantie par aucune organisation bancaire mondiale. Elle se situe plus au niveau écologique et environnemental.

[55] Voir Rawls, *Théorie de la Justice*, 22.

[56] Gosseries, *Penser la justice entre les générations*, 145.

[57] Cf. *supra*, 5-8.

pauvres, spécialement en Afrique? « Il faut que nous comprenions qu'il y a un rapport entre la justice humaine et le renouvellement de la terre, ainsi qu'entre l'injustice humaine et la détérioration de l'environnement. »[58] Si la race humaine n'arrive pas à comprendre que l'atmosphère ne peut assimiler aussi facilement les tonnes de CO_2 qu'elle reçoit quotidiennement, l'éradication des effets du changement climatique risque de durer longtemps, très longtemps. La proportion entre la forte émission des gaz polluants et la capacité de l'atmosphère à absorber ces gaz est tellement disproportionnée que les effets vont se faire sentir et s'étaler sur plusieurs siècles. D. Folscheid relance ce principe de l'égalité lorsqu'il souligne le lien étroit qui doit exister entre les proportions des matières premières exploitées et l'espace accordé à la nature pour régénérer ces biens précieux. Il donne l'exemple de la ferme, qui d'après lui, doit prendre en compte les paramètres animaliers, atmosphériques et naturels pour arriver à une production qui tienne compte des impératifs éthiques liés à l'environnement et à sa sauvegarde. Il est d'autant plus convaincu qu'il ne faut pas « pas détruire plus de nature que cette dernière ne peut en reconstituer, ou ne pas rejeter dans la nature plus qu'elle n'en peut absorber. »[59]

L'éthique écologique, à ce niveau, a besoin d'être renforcée et propagée pour permettre une connaissance et une parfaite maîtrise de ce à quoi l'humanité fait et fera encore face dans les prochaines décennies. La question de la responsabilité qui va être développée dans la section qui suit, est au cœur de cette éthique écologique. M. Lacroix place l'éthique écologique sous le signe du 'changement radical de nos comportements': 'modifier les conduites', 'réviser nos valeurs'.[60] Il s'agit de changer de manière radicale par rapport aux clichés que nous avons reçus des générations précédentes sur la sauvegarde de l'environnement et la qualité future de l'atmosphère que nous entendons laisser aux générations futures. Parvenir à un tel résultat nécessite le recours à une éducation ferme sur laes valeurs de l'écologie et de l'environnement. Il n'est plus possible pour l'homme aujourd'hui d'avoir le même rapport à l'environnement comme il y a une cinquantaine d'années. Le style de vie de ce XXIe siècle nécessite une véritable retouche écologique et environnementale si on veut encore épargner notre planète des désastres dus au réchauffement et au changement climatiques.

C'est inconditionnellement à cette éthique que renvoie McFague lorsqu'elle revient sur le fait que l'on ne peut plus vivre aujourd'hui comme on vivait il y a cinquante ans. Ce n'est plus possible.[61] C'est un mode de vie qui doit être révolu et revu à la baisse. La consommation de l'énergie, l'usage ostentatoire des moyens de transport privé et autres ne peuvent plus avoir cours de cité comme cela l'a été il y a quelques décennies. Les cas où des familles se permettaient d'avoir 3 ou 4 véhicules familiaux doivent être bannis. Le gaspillage de l'eau et de l'électricité et bien d'autres éléments consommant beaucoup trop d'énergie. Voici succinctement dévoilé ce qu'en pense Michel Lacroix: « Le deuxième[62] grand mythe quantitatif contre lequel s'insurge l'éthique écologiste est l'*american way of life*. La littérature

[58] Coste, *Dieu et l'Ecologie*, 141.
[59] Folscheid, "Pour une Philosophie de l'Ecologie," 33.
[60] Michel Lacroix, "Pour une éthique écologiste," 54.
[61] Voir McFague, *A new Climate for Theology*, 67.
[62] Le premier grand mythe quantitatif que M. Lacroix déplore est la production quantitativement surélevée.

écologiste nous apparaît littéralement cabrée contre le mode de vie américain. L'argument opposé à l'*american way of life* est tout d'abord moral. Comment ne pas être indigné par l'inégalité entre les Etats-Unis et le Tiers Monde? »[63] Comme le suggère McFague, il y a moyen de consommer autrement, consommer juste mais avec qualité pour un environnement plus sain.

1.3 QUELS MODÈLES DE JUSTICE FACE À LA PROBLÉMATIQUE DU CHANGEMENT CLIMATIQUE?

La problématique de la justice dans la sphère environnementale nécessite des réponses, du moins des pistes de réponse. Arriver à répartir les chances et les possibilités des uns et des autres dans l'arène du changement climatique constitue une étape importante dans le traitement de la question du changement climatique. La prudence doit être de mise quand les questions d'égalité, de justice et d'équité sont évoquées. L'évidence à laquelle chacun doit se rendre est que tous les états n'ont pas les mêmes potentialités environnementales, industrielles, agricoles et minières. L'inégalité, même déjà au point de vue de la constitution géographique des continents, pays, régions et sous-régions est une donnée qui pousse à réfléchir sur une éventuelle justice dans la crise environnementale de notre siècle. A côté des justices distributive et commutative déjà évoquées dans ce travail, nous nous permettons de découvrir avec Sachs,[64] les trois modèles ci-dessous, qui peuvent contribuer à rétablir l'équilibre dont la planète a besoin en matière d'environnement.

1.3.1 Equité et responsabilité dans l'émission des gaz à effet de serre

La question de la responsabilité dans l'émission des gaz à effet de serre est intimement liée aux questions de justice que nous venons de développer dans les sections précédentes. Les gaz à effet de serre constituent les premiers éléments polluants de l'atmosphère et de la couche d'ozone.

Même s'il existe une forte mobilisation en ce qui regarde l'éducation des populations et la prise de conscience, il n'en reste pas moins que les émissions des gaz à effet de serre demeurent encore élevées. Le fort taux de concentration de ces gaz dans l'atmosphère appelle à une prise en compte des dégâts que commencent à subir les générations actuelles et ceux que subiront celles de demain. Les analyses concertées du GIEC et autres organismes comme le PNUE, la CCNUCC, la Convention sur la diversité biologique) laissent encore penser que des sommets plus élevés risquent d'être franchis. Il n'y a qu'à voir la montée vertigineuse de ces émissions de gaz depuis 1973 à nos jours, pour se faire une idée de ce qui attend la planète d'ici 2050 et à la fin du XXIe siècle. Le tableau ci-dessous est révélateur à ce sujet :

---

[63] Lacroix, "Pour une éthique écologiste," 55.

[64] Wolfgang Sachs est parmi les économistes les plus tranchants de ce siècle qui contribuent à redonner au concept de développement ses lettres de noblesse. Le Professeur W. Sachs dirige actuellement l'Institut Wuppertal pour le climat, l'environnement et l'énergie en Allemagne. A ce titre il contribue largement au débat pressant sur le changement climatique. Son récent ouvrage, *Fair Future. Resource Conflicts, Security and Global Justice.* Translated by Patrick Camiller (London: Zed Books, 2007), nous a aidé à élaborer les quelques modèles de justice dans la dernière partie du troisième chapitre.

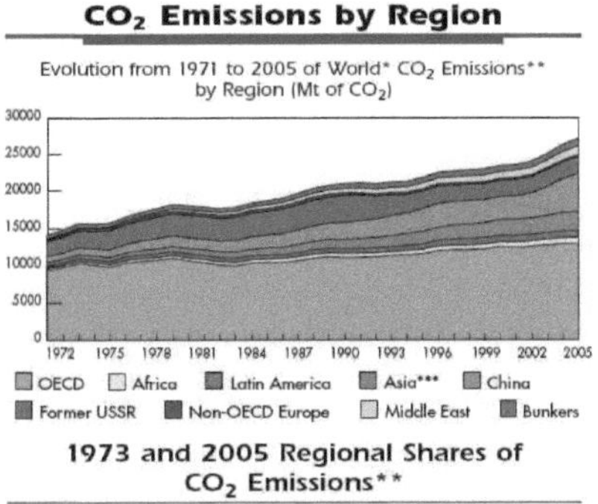

** : Calculé selon le guide Giec et les IEA Energy Balance Tables. (Disponible http://www.clubdesargonautes.org/climat/cc/chap13.php)

Quant à la figure suivante, elle est révélatrice de la puissance de combustion des gaz selon les états et les nations.

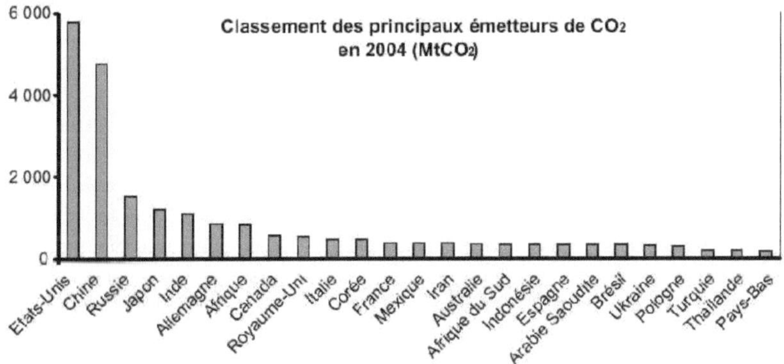

Calculé selon le guide Giec et les IEA Energy Balance Tables. (disponible sur http://www.clubdesargonautes.org/climat/cc/chap13.php).

Comme on peut le voir, il n'y a pas besoin de faire de longues dissertations pour se rendre compte à quel point la responsabilité de tous, spécialement celle des pays du Nord, est engagée dans le processus de dégradation de la biodiversité et de la couche d'ozone. Dans son Congrès tenu en août 2010 à Bonn en Allemagne, la Convention-cadre des Nations Unies sur le changement climatique, a tenu à mettre les puissantes nations du Nord devant leur responsabilité quant à l'excessive émission des gaz à effet de serre dans l'atmosphère. A l'approche de l'expiration du Protocole de Kyoto[65], alors que les émissions ne font qu'augmenter, les Nations Unies à travers leur Convention rappellent à tous les états membres qu'ils ont des obligations morales et juridiques quant à la réduction des émissions des gaz à effet de serre.[66] Il n'est plus possible de continuer de regarder la planète sombrer dans un futur sombre. La Convention explicitement demande aux états de réduire leurs émissions de 5% d'ici à l'an 2020 avant qu'un autre Traité ne se substitue à celui de Kyoto. Au cours de cette Conférence de Bonn, encore une fois, les difficultés rencontrées et décriées à Copenhague ont refait surface. Les 178 pays réunis à Copenhague (2009) n'ont pu arriver à un accord global en raison des divergences dans la manière d'aborder les quotas liés à la réduction des émissions.

C'est à ce niveau que se joue la responsabilité dont tout le monde doit se porter garant. L'impression qui se dégage souvent de ces sommets de l'ONU est que les états membres ne se sentent pas obligés de respecter et d'accepter les décisions prises collégialement. Les experts du GIEC ne cessent de rappeler que le point de non-retour sera très bientôt atteint. L'heure n'est plus à continuer à se rejeter les responsabilités, mais plutôt à chercher ensemble, d'un commun accord, les voies qui vont sauver notre planète. S'il reste difficile de définir et d'établir des bases égales pour toutes les nations, au moins le concept de responsabilité doit ramener chacun au bon sens. Il faut que tous les états, du plus puissant au plus pauvre, puissent contrôler le niveau de pollution. Pour que cette responsabilité soit réelle et efficace, il faut que les états s'envoient des signes forts, très forts les uns envers les autres. La Convention-cadre des Nations Unies fait état de 46 pays qui se sont réunis à Genève le 7 septembre 2010 pour demander la création d'un *Fonds Vert*[67] qui a été débattu au sommet de Cancùn (Mexique, novembre-décembre 2010). Des signes de ce genre ne sont malheureusement pas nombreux; les grands pays émetteurs de CO_2 s'acharnent à décourager pareille initiative. Il serait bien que les autres pays de la planète rejoignent les 46 autres pour soutenir ce *Fonds Vert* qui va contribuer à l'éclosion de produits beaucoup plus verts. La vigilance doit être de mise car la prudence émise par les Etats Unis[68] à l'égard de ce Fonds constitue déjà une entrave à sa réalisation. Ce Fonds va servir à rassembler une somme à hauteur de 100 milliards de dollars afin de venir en aide aux plus exposés aux effets du changement climatique.

---

[65] Signé en 1997 à Kyoto au Japon et entré en vigueur en 2005, cet accord propose à 37 pays industrailisés (Accord ratifié par les etats Unis mais jamais mis en application) de réduire leur émisison de GES de 5% entre 2008 et 2012. Ce protocole a été prolongé au Sommet de Doha en 2012 pour s'étendre désormais sur la période allant de 2013 à 2020.

[66] Voir UNFCCC, "Changement Climatique : Les pays riches devant leur responsabilité historique," disponible sur http://www.temoignages.re/changement-climatique-les-pays,44844.html, consulté le 20 juillet 2010.

[67] Voir UNFCCC, "Climat : 46 pays déblayent la voie pour la création d'un Fonds Vert à Cancùn," disponible sur http://www.temoignages.re/climat-46-pays-deblayent-la-voie,45436.html, consulté le 2 mai 2011.

[68] "Les divergences existent tout d'abord au sein du groupe des pays développés : les Etats-Unis, le Canada et l'Australie sont très réticents à une nouvelle période d'engagement. Seule l'Union Européenne s'y montre disposée. En revanche, une révision à la hausse de ses engagements, pour passer à une réduction des émissions de 30 % d'ici à 2020 par rapport à 1990 au lieu des engagements actuels de baisse de 20%, n'est plus d'actualité. " Voir Hervé Kempf, "Le sommet de Cancùn sur le climat s'ouvre sans grand espoir," Le Monde du 29 novembre 2010, p.19.

1.3.2 Garantie des droits de subsistance

Dans un article publié, il y a quelques années, Sachs a démontré que les problèmes que connaissent tous les pays aujourd'hui sont liés à un usage de ressources.[69] Au-delà même de la question de l'usage des ressources, se pose un problème crucial: où trouver ces ressources? La croissance vertigineuse de la population mondiale a conduit à une surconsommation des ressources existantes. Plus la population croît, plus les ressources diminuent. « Le gâteau diminue, l'appétit et le nombre des hôtes augmentent: le conflit est programmé et s'annonce durable. Les batailles de demain projettent déjà leur ombre sur le Golfe, l'Afghanistan, la mer Caspienne et la Tchétchénie. Ce sont les pays pauvres qui paieront le prix fort. »[70] Dans ces conditions, comment garantir le droit de subsistance pour chacun et pour tous? Cela est-il possible dans un environnement malmené par la course effrénée vers le gain et les biens matériels ? Et pourtant toutes les grandes organisations internationales rassemblées au sein de l'Organisation des Nations Unies, affirment sans ambages et sans ambiguïtés que tout être humain a droit de vivre et non de survivre.[71] Ce droit à la subsistance ne peut se faire sans un accès libre et moral aux matières premières qui contribuent à une vie digne et pleine de la personne humaine. La question que Sachs se pose est celle de savoir comment va se garantir le droit et l'accès à ces matières premières, nécessaires et capitales au rayonnement des états et au-delà, de l'être humain lui-même ? Comment cela est-il possible? Comment est garanti le droit à la subsistance? Sachs, se réfère à Mohandas Gandhi, qui déjà en 1928, ne voulait pas que le développement de l'Inde se fasse sur le modèle de celui de la Grande Bretagne. Car, pensait-il, si 300 millions d'Indiens se mettent à consommer comme le font les quelques 44 millions de britanniques, la planète n'aurait plus assez de ressources pour garantir le droit à la vie de tous ses occupants.[72] Aujourd'hui l'Inde compte près du milliard d'habitants; qu'adviendrait-il si tous calquent leur mode de vie sur celui des britanniques?

La course aux biens terrestres et aux matières premières ne laisse aucun répit à l'environnement. Pour une meilleure perception des défis environnementaux, le droit à la subsistance suppose non pas de copier simplement, et purement le modèle de vie occidental, il revient à chaque individu, à chaque, région, à chaque état, à chaque nation et voire à chaque continent d'adapter ses besoins en fonction des ressources disponibles.

Pour arriver à ce but Sachs propose trois voies: sécurité,[73] le self-respect[74] et le sens d'appartenance à ce monde[75] dans le sens d'être citoyen de ce monde ou de cette planète. Il

---

[69] Sachs, "De l'huile sur le feu. La lutte pour les ressources attise l'insatisfaction planétaire," *Annuaire suisse de politique de développement* 25, n°2 (2006): 262-283.

[70] Sachs, "De l'huile sur le feu. La lutte pour les ressources attise l'insatisfaction planétaire," 276.

[71] Référence est ici faite à la Déclaration d'indépendance des États-Unis d'Amérique (1776); à la Déclaration universelle des droits de l'homme 1948: *'Tout individu a droit à la vie, à la liberté et à la sûreté de sa personne'*, et à la convention européenne des droits de l'homme (1950).

[72] M. Gandhi déclarait en fait ce qui suit: "Dieu fasse que l'Inde ne s'industrialise jamais sur le modèle occidental. L'impérialisme économique d'un seul et minuscule royaume insulaire (l'Angleterre) tient actuellement le monde dans ses chaînes. Si une nation comptant 300 millions d'habitants se lançait dans pareille exploitation économique, le monde serait ravagé comme par une invasion de criquets," *Young India*, le 20 décembre 1928 in W. Sachs (ed.), *Fair Future, Resource Conflicts, Security & Global Justice*, W. Sachs (ed.), *Fair Future, Resource conflicts, Security & Global Justice*. Translated by Patrick Camiller. (London: Zed Books, 2007), 26.

[73] Sachs (ed.), *Fair Future*, 120.

s'agit de s'assurer que les individus qui sont membres de cette planète ont accès aux ressources qui sont mises délibérément à leur disposition par d'autres individus en quête de justice. Dans son article, Sachs évoque les *conflits de survie* qui doivent être résolus par le premier aspect évoqué, celui de la sécurité; *les conflits de régime* abordés par le self-respect et enfin *les conflits de répartition* que le sens de l'appartenance à la planète devrait pourvoir résoudre.[76] On a souvent souhaité que l'Etat soit totalement impliqué dans la réalisation d'un projet et surtout dans la promotion du bien commun. « C'est un élément essentiel du bien commun que l'épanouissement de chacun dans la société, le respect de la dignité de chacun, une heureuse distribution des parts et des rôles: une société jouit en commun du bien-être matériel et moral de chacun. »[77]

1.3.3 Mise en forme d'échange équitable

L'équité en matière d'environnement restera une question qui fera toujours couler beaucoup d'encre. Cette question est assez sensible car les frontières de l'équité et leurs délimitations ne sont pas toujours évidentes. Outre les trois conflits évoqués plus haut, Sachs évoque également les conflits de développement. Quelle est la valeur du concept équité lorsque le niveau de développement est totalement différent d'un pays à un autre, d'une région à une autre? En quoi est-ce qu'une mise en forme d'échange équitable peut-elle aider à diminuer les effets du changement climatique? Cette mise en forme d'échange équitable touche-t-elle uniquement les aspects physiques ou moraux des individus? Cette équité comment va-t-elle s'opérer si le niveau de vie d'un citoyen américain est 12 fois plus conséquent que celui d'un ressortissant du Bangladesh? Pour appuyer son argumentation, Sachs commence par affirmer que l'inégale exploitation des ressources et leur accès peut se justifier dans la mesure où les divergences géographiques, minières et industrielles créent des écarts entre les pays. Il souligne que ce n'est pas possible qu'il y ait des pays qui utilisent autant de laine que la Finlande, autant d'eau que l'Allemagne, autant de poisson que le Bangladesh ou autant de pétrole que le Qatar.[78] Ces pays n'ont rien fait de spécial pour obtenir ces réserves. Ils les ont reçues naturellement et se sont ensuite organisés pour en faire des matières incontournables et importantes dans le développement économique et industriel de leurs pays. Le fait que certains pays aient reçu plus de richesses que d'autres est une donnée qu'il faut d'abord accepter et comprendre afin de mieux arriver à une idée juste de l'égalité. D'une manière ou d'une autre, tous les pays ont reçu des richesses minières, minérales, forestières, agricoles, bien évidemment à des degrés divers et variés. C'est ce que Sachs appelle une théorie cosmopolitaine de la justice.[79] En quoi consiste-t-elle? Elle consiste à reconnaître fondamentalement les différences et particularités qui caractérisent chaque peuple, chaque culture et contrée. En dépit des richesses reçues, chaque culture a sa manière, à elle, d'entrer en relation avec ces richesses, de se définir par rapport à elles et finalement se

[74] Sachs (ed.), *Fair Future*, 122.
[75] Sachs (ed.), *Fair Future*, 124.
[76] Voir Sachs, "De l'huile sur le feu. La lutte pour les ressources attise l'insatisfaction planétaire," 280.
[77] Pierre Bigo, *La doctrine sociale de l'Eglise* (Paris: Presses Universitaires de France, 1966), 221.
[78] Sachs (ed.), *Fair Future*, 136.
[79] Sachs (ed.), *Fair Future*, 137.

créer un futur en fonction de ce que l'on pense qui soit important dans la vie et dans l'histoire. Pour Sachs, le concept d'égalité ne se traduit pas en termes d'équité territorialement, matériellement et autres... La justice ne consiste pas à procurer à chacun et à chacune une 'bonne vie', une vie où l'on serait à l'abri du besoin. Ce n'est pas à cela que la justice aspire. Elle aspire plutôt à accorder à chacun la liberté de pouvoir choisir de vivre heureux. Les défis, tant physiques que moraux, ne feront jamais défaut, mais mener une vie avec un esprit dégagé et libre est encore plus important. Sa théorie cosmopolitaine de la justice va dans ce sens. Elle insiste plus sur la liberté que sur le bonheur. Cette liberté croise l'ultime but de la justice qui est de protéger les plus faibles, en particulier contre l'arbitraire et la violence. C'est une question d'obligations sociales, de droits que chacun doit respecter. C'est pour cela que la justice se démarque pleinement de la charité ou de la générosité qui sont plus offertes que méritées.

En matière de changement climatique, la justice consiste à consentir à faire des efforts pour réduire les émissions et la pollution. Egalité, équité, droiture, impartialité sont de biens beaux concepts, des réalités qui nécessitent l'implication de toutes les nations et de tous les états pour parvenir à des résultats encourageants. Nous sommes en face d'une planète qui n'a plus les possibilités énergétiques, minières, forestières, marines, pour offrir au monde entier toutes les ressources dont il a besoin pour vivre. Un mode de vie, celui du consumérisme, n'est plus possible aujourd'hui.[80] Rien que la Chine et l'Inde pourront avaler toutes les ressources du globe entier pour prendre soin de leurs ressortissants. Si les pays pauvres ne se mettent pas au même diapason que les occidentaux, ils subiront encore et toujours les effets désastreux du changement climatique. Ceci est d'autant plus dommageable, qu'ils ne contribuent que très peu à cette crise climatique.

La justice équitable évoquée par Sachs requiert que tous les pays, même les plus pauvres arrivent à une réduction de la consommation énergétique. Cette réduction passe par trois moments importants: *efficacité, cohérence et suffisance*.[81] *L'efficacité* va consister à utiliser le plus possible des matériaux recyclables.[82] *La cohérence* va consister à créer une très efficace harmonie entre la nature et la technologie dans ce sens, que la technologie ne fera des requêtes qui se situeront dans les limites de ce que la nature peut offrir tout en se recyclant normalement et naturellement. Aussi la technologie (l'industriel-l'automobile) veillera à ne pas trop polluer l'atmosphère pour faciliter le recyclage normal de la nature.[83] Finalement la *suffisance* posera la question de savoir qu'est-ce qui est important et nécessaire pour notre vie? Il s'agit ici d'éviter les excès et de se limiter au strict minimum.[84] Chacune de ces notions jouera un rôle prépondérant dans la lutte contre le changement climatique. Il faudra que tous les individus et toutes les espèces s'y mettent pour arriver à des résultats adéquats.

> Depuis que les limites biophysiques de la croissance classique se manifestent, plus rien n'est comme avant, en particulier dans la politique Nord-Sud. La politique part

[80] Sachs (ed.), *Fair Future*, 32.
[81] Sachs (ed.), *Fair Future*, 158.
[82] Sachs (ed.), *Fair Future*, 159.
[83] Sachs (ed.), *Fair Future*, 159.
[84] Sachs (ed.), *Fair Future*, 160.

pourtant depuis longtemps du principe que l'égalité sociale sera assurée par la croissance nationale et internationale. L'attelage de l'équité à la croissance a été, dès après la Seconde Guerre mondiale, l'une des pierres angulaires de l'âge du développement. Mais depuis que l'on entrevoit la finitude de la biosphère, soit depuis quelques décennies, cette pierre angulaire se trouve déstabilisée. Simplement parce que, dans un monde limité, la croissance classique ne saurait apporter l'égalité, à moins d'anéantir la biosphère.[85]

1.3.4 Réparation des torts et dégâts causés dans l'histoire

Les voyages d'exploration entrepris dès le début du XVe siècle peut-être même avant, vont conduire les puissances industrielles à faire usage des nouvelles découvertes pour établir leur puissance et améliorer leurs performances économiques et minières. Lorsque Christophe Colomb découvre l'Amérique en 1492, nul ne peut encore dire avec exactitude les retombées d'une pareille découverte. Ceci va accélérer la colonisation de l'Amérique du Sud par les ibériques. Le clou de cette course à la colonisation va être son point culminant en 1884-85 avec la Conférence de Berlin quand les grandes puissances vont imposer des limitations géographiques afin d'arriver à une meilleure exploitation économique des pays sous leur joug colonial. Ce qui n'était qu'au départ une expédition exploratrice va prendre une tournure économique et industrielle importante. Avec la révolution industrielle vers la fin du XIXe siècle, une course effrénée vers les matières premières va s'engager, renforçant ainsi la nécessité d'acquérir plus de colonies et de territoires. S'ensuit une exploitation accrue et croissante des matières premières se trouvant dans les territoires colonisés, matières qui seront acheminées vers les territoires des puissances coloniales. Cette exploitation s'est étendue sur plusieurs, voire des centaines d'années. Existe-t-elle encore aujourd'hui? Elle a sûrement pris une autre forme.

Aujourd'hui, avec le changement climatique, il est clair que les puissances coloniales ont tout de même eu recours aux matières premières des territoires qu'elles ont colonisés pour affermir et solidifier leurs activités économiques et industrielles. Dans un premier temps, cette exploitation se trouve être parmi les nombreux facteurs qui ont contribué au changement climatique. Elle a ensuite contribué à renforcer, d'un point de vue économique, le fossé déjà existant entre pays riches et pays pauvres. « La destruction coloniale se joue cette fois sans puissance impériale et sans troupe d'occupation. Elle se propage dans l'air, invisible, perfide, télétransporté par la chimie de l'atmosphère. Lorsque l'atmosphère terrestre se réchauffe, la nature se fait instable. »[86]

A ce jour, les pays du Nord ont la capacité de faire face aux effets destructeurs du changement climatique. Qu'en est-il de ces nations qu'ils ont exploitées et pillées des décennies durant?

---

[85] Sachs, "De l'huile sur le feu. La lutte pour les ressources attise l'insatisfaction planétaire," 274.
[86] Sachs, "De l'huile sur le feu. La lutte pour les ressources attise l'insatisfaction planétaire," 277.

> Les conflits liés aux ressources et à l'environnement du XXIe siècle ont donc leur signature: la contradiction entre une demande illimitée en biens naturels et, d'autre part, la finitude de l'environnement naturel. On sait que ces conflits n'ont rien de nouveau; que l'on pense aux luttes entre riverains d'un même cours d'eau au Moyen Age ou, à l'époque de Bismarck, aux démêlés entre nations européennes pour le contrôle des richesses naturelles de l'Afrique, sous le signe de la convoitise, de la pénurie et des rivalités. Entre-temps, le développement a créé une attente universelle et, parallèlement, on a pris conscience des limites de la biosphère. Les conflits pour le contrôle des ressources présentent un nouveau caractère: ils révèlent la contradiction fondamentale entre expansion économique et contraintes écologiques.[87]

Ces nations pauvres, peuvent-elles prétendre recevoir une certaine compensation pour les préjudices subis durant la période coloniale? Encore faut-il évaluer ces préjudices en termes économiquement et financièrement quantitatifs? La question que se pose Sachs est celle de savoir si la dette écologique peut se résumer à une question de compensation? « Dans quelle mesure, dit-il, les pays riches doivent assumer la responsabilité de ce qui s'est passé dans le passé? »[88]

Comme on peut le constater, la question de la réparation des torts est sensible et exige une approche très pragmatique de la justice, d'autant que cette situation a largement contribué à renforcer la puissance du Nord et alourdit la pauvreté du Sud. « Les coûts de la dégradation de l'environnement pèsent lourdement sur les pays pauvres, alors que les causes en incombent avant tout aux pays riches et de plus en plus aux pays émergents. Face au changement climatique, une solution efficace et juste serait de régler la contribution de chacun sur ses capacités d'adaptation. »[89] Sachs se montre encore plus précis et plus pointilleux à ce sujet, estimant que le Nord s'est servi de ces territoires coloniaux pour asseoir une stabilité économique. Il est même plus catégorique lorsqu'il affirme que le Nord a dépouillé le Sud de sa richesse, ce qui selon lui, est une forme criarde d'injustice. Si justice doit être faite, elle doit consister à remettre au Sud son dû. Sous quelle forme et dans quel contexte?

> Des minerais boliviens au café kényan en passant par la bauxite jamaïcaine, tout a été emporté au Nord, à des prix complètement dérisoires. Parfois, rien n'était même payé; sinon des sommes dérisoires complètement en dessous de la valeur environnementale des biens naturels extorqués. Ecologiquement parlant, l'écosystème du Sud a disproportionnellement souffert d'un abus de transfert de ces ressources vers le Nord; ceci a laissé le Sud dans une situation écologique déplorable.[90]

Ce texte fait allusion à la dette mais il sous-entend les innombrables réparations que les pays les plus pauvres sont en droit d'attendre des pays riches. Le transfert à prix dérisoire qui s'est produit durant plusieurs décennies des matières premières vers les nations industrialisées, conduit aujourd'hui à reconsidérer les termes des contrats ou alliances signés

---

[87] Sachs, "De l'huile sur le feu. La lutte pour les ressources attise l'insatisfaction planétaire," 279.
[88] Sachs (ed.), *Fair Future*, 147.
[89] Eloi Laurent, "Climat: qui doit payer pour le réchauffement? " *Alternatives Economiques* 295 (2010), 12.
[90] Sachs (ed.), *Fair Future*, 147.

sous l'époque coloniale; certains de ces partenariats sont restés inchangés même après les indépendances surtout dans le contexte de l'Afrique.

En octobre 2009, quelques mois avant la Conférence de Copenhague, durant le 7ème Forum Mondial sur le développement durable tenu à Ouagadougou au Burkina Faso, Jean Ping[91] demandait un dédommagement et des réparations de l'ordre de 65 milliards de dollars pour que le continent africain puisse récupérer tout ce qui lui a été enlevé de force.[92] Ces réparations, qui sont de l'ordre du matériel, devront aussi se transposer au niveau moral et éthique car les souffrances et misères dont souffre l'Afrique aujourd'hui sont de plusieurs ordres.

Il revient aux générations actuelles de prendre ce problème à cœur et de veiller à ce que leurs revendications aboutissent. De la même façon que cette génération jouit des biens hérités des vestiges de la colonisation, de la même manière elle doit être capable d'en assumer les responsabilités et d'en porter les dettes. La dette écologique à laquelle nous faisons face aujourd'hui doit être traitée et il faut y faire face.

Plus que toute autre chose, la solution à ce gigantesque problème doit être politique avant qu'il ne soit écologique, moral et social. Le politique, étant du domaine décisionnel, doit mener le flambeau de cette bataille drastique contre le réchauffement global.

Conclusion

Les générations futures sont totalement dépendantes de l'héritage que les générations actuelles leur lègueront. Parce qu'elles n'existent pas encore, ces générations futures s'en tiendront et se conformeront à ce qu'elles trouveront une fois que leur existence sera établie. Même si les générations actuelles n'auront aucun compte à rendre aux générations futures, il nous paraît évident que les générations actuelles ont une responsabilité morale à l'égard de celles qui viennent. De la même manière que l'existence des générations actuelles a été assurée et protégée par les générations passées, les générations d'aujourd'hui devraient faire en sorte que celles qui viendront après elles ne trouvent pas un environnement complètement dégradé. C'est une question de droits et de devoirs par rapport à ceux qui se retrouvent dans une position de faiblesse. Le bien commun qu'est l'environnement requiert l'attention de toutes les espèces, de l'homme en premier pour la sauvegarde de la couche d'ozone et la biodiversité. Le bien commun global et public est orienté d'abord et avant tout vers le bien de tous.

Le thème de la justice illustré dans ce chapitre s'est surtout penché sur l'équilibre qui est requis dans la manière de gérer et d'utiliser l'environnement. Le bien commun global mis à la disposition de tous semble être plus exploité par les plus riches au détriment et aux dépens des plus pauvres. Cette inégalité environnementale, Sachs parle de dette écologique, a créé des fossés énormes entres nantis et démunis. Le comble dans cette inégalité environnementale c'est que les 'petits pollueurs' souffrent le plus de l'impact des effets du changement

[91] Jean Ping est un homme politique gabonais qui a été à la tête de la Commission de l'Union Africaine de 2008 à 2012.

[92] Jean-Charles Batenbaum, "Changement climatique, l'Afrique demande des réparations," disponible sur http://www.actualites-news-environnement.com/21361-changement-climatique-afrique-reparations.html, consulté le 20 octobre 2010.

climatique. Dans ces conditions, qu'est-il requis de faire? D'où la nécessité d'évaluer les différents projets de justice environnementale. Cette justice fait partie intégrante des moyens de lutte contre le changement climatique. Aussi longtemps que certains seront plus affectés par les catastrophes liées au changement climatique, les mesures prises pour freiner ce fléau ne seront pas suivies par tous de la même manière. Pour créer un front commun contre le changement climatique, la collaboration de tous est exigée; mais pour cela il faut que les plus riches fassent des efforts pour tirer les pauvres du gouffre dans lequel ils ont été plongés. Les actions des uns dans un coin bien précis du globe ont des répercussions à l'autre bout du monde. Puisque nous y sommes tous ensemble, pour reprendre la formule célèbre de McFague, nous nous en sortirons tous ensemble. A condition que tous s'accordent pour consentir les efforts requis.

Chapitre 2. QUELLE THÉOLOGIE POUR L'ENVIRONNEMENT?

Introduction

Il sera question dans ce chapitre, d'examiner les éléments relatifs à l'établissement d'une théologie de l'environnement avec comme toile de fond la justice climatique. Comment devra-t-elle procéder ? Quels seront ses appuis en relation avec l'éthique chrétienne? Est-il possible d'y arriver si l'on ne balise pas d'abord le terrain de la théologie concernant la question de l'environnement. Des analyses relatives aux questions environnementales et écologiques accompagneront le regard que nous allons poser sur la justice climatique telle qu'abordée par la théologie. Si la théologie peut être définie comme un discours rationnel sur le mystère de Dieu et de sa révélation, nous pouvons ajouter que ce mystère se traduit en faits concrets par des termes rationnels. Il ne s'agit plus de séparer Dieu des hommes, mais de le rendre encore et toujours proche de l'homme, nous dirons même qu'il s'agit d'amener Dieu à rejoindre l'homme sur la planète terre comme l'homme est invité à rejoindre Dieu dans son mystère.

Dans un cadre où les questions relatives à l'environnement ne laissent plus personne indifférent, Bonaventure avait en son temps tenté de mettre sur pied une théologie de la sacramentalité de la création. C'est une théologie qui, comme son nom l'indique, met en valeur le caractère sacré du monde dans lequel nous vivons et qui met l'accent sur la protection du cosmos.[93] C'est une théologie qui définit assez clairement la relation que l'homme doit avoir avec un monde dont l'origine et la source résident dans le Créateur.

Une justice théologique du changement climatique ne peut se faire sans un recours à l'intégrité de la création. La sauvegarde de la création en appelle à la conscience de ses habitants. Cette création est un bien commun qui permet à chaque être humain de reconnaître et d'admirer le beau que le Créateur a mis dans sa création.[94] C'est une démarche éthique et morale que d'accepter que ce bien mis à la disposition de toutes les espèces qui composent la planète doit être utilisé de manière à ce que chaque espèce y trouve son compte.

2.1 VERS UNE AUTHENTIQUE THÉOLOGIE DE LA CRÉATION

Le fondement de toute action réside et prend appui sur les divers éléments que présente et offre la création à travers la nature et son espace physique. Aussi bien théologiquement que scientifiquement,[95] il nous faut admettre que la création constitue l'un

---

[93] Voir Étienne Gilson, *La philosophie de saint Bonaventure* (Paris: Vrin, 1953), 36.

[94] Victor Molobi & David Field, "Seeking eco-Justice in the south African Context," in Roger S. Gottlieb (ed.), *This Sacred Earth. Religion, Nature and Environment* (New York: Routledge, 2004, 2nd edition), 661-680.

[95] "Ceci ne doit pas être compris comme tendant vers un fondamentalisme qui serait en contradiction avec les théories scientifiques modernes sur les origines du monde. Il n'y a pas en effet d'empiètement de la foi sur le domaine scientifique: d'une part, la Révélation étant reçue par la foi, elle est par définition indémontrable, par conséquent relevant d'un autre domaine que celui de la recherche scientifique; d'autre part, depuis les tout débuts de l'ère chrétienne (Philon d'Alexandrie repris par Origène et par tous les Pères de l'Eglise après ce dernier), les orthodoxes sont restés attachés à une exégèse allégorique, spirituelle, dont ils continuent de se nourrir par leur tradition liturgique. Il découle de cela qu'aucune théorie nouvelle sur les origines, par exemple, ne pourra ôter au récit poétique de la création dans la Genèse, sa valeur inspiratrice." Voir Nicolas Lossky, "L'homme, roi de la création. Perspective orthodoxe," in Danièle Hervieu-Léger, *Ecologie et Religion*, 47.

des appuis les plus essentiels à travers lesquels les diverses espèces peuvent s'exprimer et entrer en relation. L'espace de la création est le théâtre de l'expression de la grandeur divine, de celle de l'homme et de toutes les autres espèces créées.[96] La création n'est authentique que si elle prend en compte la relation particulière que le créateur entretient avec ses créatures.

Dans la perspective qui est la nôtre, nous avons jugé utile et important de nous replonger dans la théologie de la création pour 're-situer' la place des différents protagonistes de la création afin d'arriver à déterminer le rapport entre l'environnement et la théologie.[97] Une théologie de l'environnement ne peut pas ne pas prendre en compte la réalité de la création et la disséquer en profondeur. Quelle peut être la place des protagonistes de la création dans cette crise environnementale à laquelle nous sommes confrontés?

2.1.1 Pourquoi la Création? A quoi et à qui sert-elle?

C'est une question extrêmement sensible à laquelle il n'est pas aisé de répondre. Prise comme une œuvre divine ou comme le résultat d'une évolution, la création reste et demeure le fruit ou le résultat d'un événement qui conditionne toutes les créatures. « La terre n'a pas été faite belle pour être détruite. »[98] Avec la création, c'est le cosmos qui est engendré et qui se doit de suivre une évolution aussi bien harmonieuse que disciplinaire. « La question de la création est la question de la signification radicale de notre existence comme telle et nous y donnons toujours une réponse au plan de l'agir immédiat, même si nous n'en sommes pas conscients. »[99]

2.1.1.1 Bible et Création

La Bible répond aux questions existentielles et fondamentales que l'homme se pose à propos de ses origines: quelle est l'origine de tout ce qui existe? D'où vient la terre? D'où vient l'homme? Comme s'est-il retrouvé sur cette planète? Combien de milliards d'années la terre existera-t-elle?

Autant de questions existentielles auxquelles la Bible répond en attribuant au créateur l'œuvre entière de la création. La question est celle du commencement et celle des origines de tout. C'est ainsi que la place du créateur est déterminante surtout pour ceux qui se réclament particulièrement croyant au divin. Ainsi, dans la perspective biblique, la création est redevable au créateur qui a décidé de mettre en œuvre la création pour entrer en relation avec les créatures qu'il a lui-même conçues. Il s'agit de donner un sens à l'origine de toute chose, surtout d'attribuer cette origine à un être particulièrement transcendant.[100] Cette œuvre de la

---

[96] Marie Turner, "The Spirit of Wisdom in All Things: The Mutuality of Earth and Humankind," in Norman C. Habel & Peter Trudinger (eds.), *Exploring Ecological Hermeneutics* (Atlanta: Society of Biblical Literature, 2008), 116-117.

[97] Max Oelschlaeger, *Care for Creation. An Ecumenical Approach to the Environmental Crisis* (New York: Yale University Press, 1994), 118-183.

[98] Stenger & Billet, « *Laudato Si'* : événement ecclésial et mondial, » 23.

[99] Pierre Ganne, *La création* (Paris: Cerf 'Dossiers Libres', 1979), 13.

[100] *Catéchisme de l'Eglise Catholique*, 1992, n°284. Lire aussi à ce propos le texte de Jaroslav Pelikan, *The Christian Tradition, II* (Chicago: University of Chicago Press, 1974), 248: "The oneness of God was transcendent, beyond all number and beyond simplicity itself, so that ultimately the cosmos could be called 'one'

création est essentiellement mise en lumière dans le premier livre de la Bible, le livre de la Genèse[101] qui insiste sur l'action intrinsèquement bonne de cette réalisation. « Dieu vit que tout ce qu'Il avait fait était bon. »[102] Tout y était bon: la création de l'homme tout autant que celle de la terre, des cieux et des autres espèces de la planète. C'est à cause de la beauté de la création que Edward Fischer intitule le premier chapitre de son livre: *God put things in good shape.*[103]

Au-delà des aspects physiques liés à la création, il faut reconnaître qu'elle est l'expression d'une preuve d'amour du créateur à l'égard des créatures qu'il crée. Cette expression d'amour conditionne le processus de création tout entier car le créateur, c'est-à-dire Dieu, le fait de son propre gré, sans aucune contrainte[104] mais avec soin et précision.[105] « Tandis qu'il crée, Dieu nous destine déjà à son alliance, il nous destine à être appelés [...] Dieu a créé par amour, parce qu'il a créé pour l'alliance. »[106]

2.1.1.2 L'après Création

La création est encouragée à se prendre en charge après l'œuvre divine du créateur qui continue d'être présente tout en laissant aux créatures le soin de perpétuer l'œuvre commencée. Le repos auquel fait allusion Genèse 2, 3[107] est-il le signe d'un retrait stratégique du créateur pour permettre à ses créatures de se prendre enfin en main?

Dieu se met quelque peu en retrait et c'est ici que se joue tout l'acte de la responsabilité confiée aux créatures avec l'homme en tête de file:[108] « L'homme n'est pas le centre matériel de l'univers, mais il peut en être le centre spirituel. »[109] La question de la gérance de la

---

only on account of its participation as creature in the oneness of the Creator. Similarly, God was the beginning (*arche*) of all beings, not in the sense that he was the first in a series, but in the sense that he transcended all beings and that all beings were dependent on him. It was orthodox doctrine that God was 'beyond and above all things that are known and all that exist.' The distinction as well as the link between the Creator and his creation had to be maintained: immanence without pantheistic identification, transcendence without deistic isolation."

[101] Genèse 1-3. Ces trois premiers chapitres de la Genèse sont essentiellement dédiés à la création du cosmos et à ses origines.

[102] Gn1,10.

[103] Edward Fischer, *Everybody steals from God. Communication as Worship* (London: University of Notre Dame Press, 1977), 1. Voir aussi à ce propos Medard Kehl, *"Et Dieu vit que cela était bon"* (Paris, Cerf, "Cogitatio fidei", 2009); Drew Christiansen & Walter Grazier, *And God Saw That It Was Good." Catholic Theology and the Environment* (Washington D.C.: United States Catholic Conference, 1996).

[104] "En effet, Dieu crée librement, sans répondre à aucune nécessité. La création est un acte gratuit." Voir Nicolas Lossky, "L'homme, roi de la création. Perspective orthodoxe," in D. Hervieu-Léger (sous la direction de), *Religion et Ecologie*, 47.

[105] John Carmody, *Ecology and Religion. Toward a New Christian Theology of Nature* (New York/Ramsey: Paulist Press, 1983), 150.

[106] Charles S. McCoy, "Creation and Covenant: A Comprehension Vision for Environmental Ethics," in Carlos S. Robb & Carl J. Casebolt (eds.), *Covenant for a New Creation. Ethics, Religion, and Public Policy* (Maryknoll, N.Y.: Orbis Books, 1991), 212-228.

[107] "Dieu se reposa au septième jour et sanctifia l'œuvre qu'il avait créée. " Gn2, 3.

[108] 'L'homme en tête de file' ne rejoint en aucun cas le débat soulevé par White critiquant l'anthropocentrisme dont le christianisme a été le promoteur pendant des siècles. Il s'agit de lire exégétiquement la responsabilité qui est celle d'Adam et Eve dans le jardin qui leur est confié. Cf. Gn 2, 15.

[109] Theodosius Dobzhansky, *L'homme en évolution* (Paris: Flammarion, 1966), 390.

création se met en place. « La Bible donne un contour précis à notre relation à la nature et à notre responsabilité. »[110]

2.1.1.3 La création continue – Aspects de continuité

Le 'retrait' du créateur ne symbolise en aucun cas la fin de l'œuvre de la création. La 'creatio continua' s'amorce ainsi de manière à ce que l'harmonie tant espérée se déploie enfin. Si tout était bon au départ, il n'y a aucune raison que tout ne soit pas bon aujourd'hui. La 'creatio continua' débouche déjà sur les problèmes primordiaux liés à la vie et à la mort. « Les problèmes écologiques que nous connaissons aujourd'hui sont autant de 'signes des temps' relativement complexes: ils concernent des questions essentielles, en lien avec la vie et la mort, non seulement pour les êtres humains mais pour la planète dans son ensemble. »[111]

Le 'retrait' du créateur ne signifie en aucun cas un désintéressement de celui-ci par rapport à la création. C'est une manière d'exprimer le parfait amour et la confiance que le créateur exprime à ses créatures. C'est une responsabilité qui est proposée aux créatures dans l'ordre de la création. Dieu, se donne lui-même des limites de manière à ce que les créatures apportent leur contribution à l'œuvre de la création. C'est ce que Richard Fern appelle la théorie du zimsum[112] dans laquelle les créatures sont invitées à faire l'expérience d'un Dieu qui aime et qui est prêt à se révéler aux créatures. La contribution que les créatures apportent à l'édification du processus de création n'enlève en rien au créateur son rôle divin. Le 'retrait' de Dieu, le zimsum, c'est la présence absente de Dieu dans un environnement où les créatures doivent composer sans Dieu tout en sachant que sa présence couvre toute la circonférence de la terre. C'est dans cette mesure que les aspects de continuité dans la création peuvent prendre des configurations pratiques réelles et existantes.

2.1.1.4 L'environnement dans le contexte de la création

Le livre de la Genèse est assez loquace et explicite sur les composantes de l'environnement. La création des cieux et de la terre entraîne celle des éléments les composant: les eaux (1, 2); la lumière (1, 4); la verdure: arbres et fruits (1, 11-12); les animaux (1, 20-25); l'homme (1, 26). La bonté et la bienfaisance de la création stipulent que tout ce qui a été créé, l'a été parce que jugé nécessaire et important pour l'équilibre naturel de l'environnement. Cet environnement tel qu'il apparaît au commencement forme un tout, un bloc sans lequel la bonté de la création serait entamée. Il s'agit d'une beauté naturelle resplendissant dans un univers offert comme don de Dieu.

---

[110] Conférence des évêques de France, Conseil pour les questions familiales et sociales, *La création au risque de l'environnement* (Paris: Bayard, Fleurus-Mame, Cerf, 2008), 7.

[111] Jacques Haers, "Les théologies de l'environnement comme processus d'ecclésiogenèse et de perception commune," *La Documentation Catholique* n° 2437 du 3 janvier 2010 19.

[112] Richard L. Fern, *Nature, God and Humanity. Envisioning an Ethics of Nature* (Cambridge: Cambridge University Press, 2002), 148. "The self-limitation of God, the divine zimsum, is a condition for the extension of divine love outside the internal dynamic of God's eternal reality. It is only within this opening that finite creatures can engage the love of God, can encounter the One is like us, yet radically Other."

Il est important de souligner ici que nous nous appuyons beaucoup plus sur la version poétique de Gn 1 que sur la version narrative de Gn 2. La version poétique de Gn 1, nous présente un Dieu créateur qui est particulièrement transcendant. C'est un Dieu qui a la main sur tout et contrôle parfaitement la création qu'il est entrain de mettre en valeur. Sa puissance fait de lui un être qui est au-dessus et en même temps dans la création. Il crée comme un monarque et il règne sur toute sa création. Alors que la version narrative de Gn 2 fait ressortir le caractère humain de ce Dieu créateur. Il s'agit d'un Dieu proche des créatures qu'il crée et il est prêt à intervenir dans les affaires de ses créatures et de sa création.[113] Le Dieu de la création narrative n'hésite pas à descendre de son piédestal pour aller à la rencontre de ses créatures. Cette version narrative a conduit au caractère anthropomorphique attribué à Dieu. Malgré quelques différences[114] qui peuvent être relevées dans ces deux récits de la création, il n'en reste pas moins que le créateur vit que tout ce qui avait été mis en œuvre pour la création était bon : le ciel, la terre, les eaux, les arbres, les animaux et les êtres humains.

L'environnement et la nature font donc partie intégrante et intégrale de la création. A ce titre, ils méritent de jouir et de bénéficier du caractère 'bon' accordé à la création tout entière. L'homme n'est au centre du monde que parce que les autres créatures sont à la périphérie. Et c'est à cause de cette périphérie qu'il existe un centre, autrement, il n'y aurait rien du tout.[115] Ce qu'il convient d'appeler environnement aujourd'hui constitue tout ce dont la planète regorge de richesses et de beautés et ce dont elle a besoin pour maintenir une atmosphère de vie à toutes les espèces créées.

2.2 L'HOMME DANS LA SPHÈRE DE LA CRÉATION: SERVICE, PARTICIPATION ou DOMINATION?

En 1967, Lynn White, un historien américain, affirme avec sérénité que le christianisme est à l'origine de la crise écologique que nous connaissons. La raison évoquée est le rôle majeur et principal conféré à l'homme en faisant de lui le maître de l'univers, un univers qu'il peut contrôler à son gré. Cette situation est, selon lui, le résultat d'une mauvaise interprétation de Genèse 1, 28. Le débat lancé par L. White ne se limite pas seulement à accuser le christianisme d'avoir encouragé l'anthropocentrisme;[116] le problème est d'analyser jusqu'où peut aller l'homme dans les différents rapports qu'il entretient avec la création et la nature? Il s'agit de souligner la place qui est celle de l'homme dans le processus ontologique de la création, c'est-à-dire celui d'assurer la continuité du rôle créateur de Dieu. « … le second récit de la création (Gn 2, 15) rapporte de manière imagée que l'homme a été 'déposé

---

[113] Voir Daniel Marguerat et Yvan Bourquin, *Pour lire les récits bibliques. Initiation à l'analyse narrative* (Paris: Cerf, 1998), 46.

[114] On voit très facilement que dans Gn 1, 2 la structure des six jours est établie de manière qu'au commencement il y avait un vide total. Tout est articulé de sorte que les trois premiers jours sont les moments où la création est entièrement façonnée avant d'être totalement remplie les trois derniers jours et avant que le Créateur ne prenne son jour de repos. Gn 2, avec son style narratif, s'inscrit dans l'ordre de la narration d'une histoire; une histoire au cours de laquelle de multiples dialogues s'installent, des conflits et des crises éclatent. C'est dans ce contexte que Dieu le créateur se met au même diapason que ses créatures.

[115] Jean Bastaire, *Le salut de la création. Essai d'écologie chrétienne* (Paris: DDB, 1996), 62.

[116] Cf. *supra*, 25. Lynn White, "The historical roots of the ecological crisis," *Science*, n°155 (1967): 1203-1206.

au milieu du jardin pour le cultiver et le garder.' Il n'est en rien signifié que cette mission l'autoriserait à une mainmise désordonnée sur son milieu naturel. »[117]

Notre but est de regarder à travers le contexte de la création le statut qu'assume l'homme par rapport à son univers et aussi par rapport à Dieu. Comment se situe-t-il dans l'entre-sphère de la création et de l'environnement? Est-ce possible d'arriver à violer les termes de la 'creatio continua' dont il est le dépositaire et le garant?

2.2.1 L'homme: Stewardship

Nous venons de voir que dans les différentes phases proposées dans le processus de la création, une part spéciale et particulière a été faite à toutes les espèces. Le fait que l'homme soit le dernier créé et qu'il occupe une place centrale, n'enlève rien au caractère sacré que revêt la création des autres espèces. Dans quelle mesure l'homme peut-il assumer la tâche qui lui est assignée de 'cultiver et de garder le jardin' d'autant que le soin de la création occupe un espace vital important dans les écritures saintes?[118]

Pour Jonathan Merritt, il ne fait aucun doute que l'homme-steward est le monarque divin à qui incombe la tâche de veiller sur la création; c'est une mission qui lui est confiée par un être supérieur auquel il doit pouvoir référer régulièrement pour éviter une dissension de vues.[119] Il va plus loin, en qualifiant le concept de stewardship de 'flair écologique' que l'homme doit pouvoir avoir afin d'éviter à la terre de connaître une perpétuelle dégradation.

La conception de Merritt qui compare l'homme-steward à un monarque divin, est à notre sens, osée car le concept de monarque comprend un caractère de souveraineté qui fait de l'homme le véritable maître de l'univers dans lequel celui-ci se retrouve. Même s'il est vrai que l'homme a reçu une responsabilité spécifique venant du créateur, il n'en reste pas moins, que c'est dans le contexte de la responsabilité que l'homme doit pouvoir exercer une certaine influence dans la création qu'il doit gérer. Par contre, nous croyons que l'expression 'flair écologique', que Merritt emploie, même si elle reste quelque peu vague, rejoint dans une certaine mesure les recommandations que l'homme reçoit pour se mettre au service de la création.

2.2.1.1 Une herméneutique du concept de stewardship

Lorsque l'on évoque le stewardship de l'homme dans le contexte de la création, référence est ici faite au rôle et à la responsabilité qu'incombe à l'homme de maintenir intègre la beauté de la création. Il s'agit de s'assurer qu'il y a une continuité dans le processus de s'inscrire dans l'ordre divin, un ordre qui se veut harmonieux, correct et plaisant à toutes les

---

[117] Conférence des évêques de France, *La création au risque de l'environnement*, 35.

[118] Matthew Sleeth, un environnementaliste chrétien américain, a fait l'expérience de lire la Bible dans tous ses contours de la Genèse à l'Apocalypse. Il est arrivé à la conclusion selon laquelle, toute la Bible n'est que l'histoire de la protection de la création et du soin que l'être humain doit y apporter. Cf. Matthew Sleeth, *The Gospel According to the Earth: Why the Good Book Is a Green Book?* (New York: HarperOne, 2010), 19.

[119] Jonathan Merritt, *Green Like God: Unlocking the Divine Plan for Our Planet* (Nashville: FaithWords, 2010), 89.

créatures et au cosmos.[120] Le stewardship est donc une responsabilité, à la fois morale, sociale, éthique et historique, que l'être humain a vis-à-vis de la création et des autres créatures.[121] Ce stewardship, du point de vue de Teilhard de Chardin, est regardé comme la passation ou la transmission de l'attention divine à la responsabilité humaine: « La création a une nouvelle peau, car elle doit désormais composer avec une responsabilité beaucoup plus humaine que divine. »[122]

Le théologien canadien, Louis Vaillancourt, a lui aussi fait référence au concept de stewardship, l'évoquant comme une 'kénose' qui peut servir de base et d'appui à une 'théologie écologique christocentrée'.[123] Vaillancourt, qui a étudié l'œuvre de Douglas John Hall, analyse le stewardship de l'homme, comme une responsabilité à travers laquelle l'homme ne doit pas se prendre pour le centre et la fin du monde. Cela consiste plutôt en une relation d'interdépendance avec une pleine coopération de toutes les espèces composant l'espace universel. Cette interdépendance est également soulignée par les évêques de France lorsqu'ils disent: « Il [Dieu] a fait le monde pour le bonheur de tous et le confie à notre responsabilité: pas simplement les différents éléments qui composent la nature et qu'il nous faudrait préserver, mais la permanence de la grande aventure qui oriente l'histoire de l'humanité depuis son commencement, la présence de la vie et de son amour universel. »[124]

Il n'y a que pareil stewardship qui peut donner à espérer une issue positive quant au défi que lance le changement climatique. C'est pour cette raison que D.J. Hall se veut optimiste car il pense qu'une coopération étroite dans une perspective christocentrique pourrait aider l'humanité à se relever de la gifle climatique.[125] Cet optimisme n'aura de la valeur que si l'Occident accepte de bien saisir le sens de ce que la domination de la nature conférée à l'homme dans le livre de la Genèse veut dire. Cette domination a été prise au niveau littéral et primaire. L'espèce humaine en profite pour asservir la nature.[126]

---

[120] Voir Charles Bugg, "Stewardship," in *Holman Bible Dictionary* (Tennessee: Holman, 1991): 1303-1304. Voir aussi Dick Wright, "Responsibility for the Ecological Crisis," *Bioscience* 1(1970):851-53; Reijer Hooykaas, *Religion and the Rise of Modern Science* (Grand Rapids: Eerdmans, 1972); Alfred North Whitehead, *Science and the Modern World* (New York: Macmillan, 1925), 19.

[121] La responsabilité de l'homme doit être comprise comme une loi morale qui lui incombe devant le mystère de la création. En effet, "il est terrifiant de penser que l'espèce humaine qui est entrée en scène il y a à peine quelques centaines de milliers d'années, alors que l'histoire de la planète date de 4,5 milliards d'années, a été capable de menacer les fondements mêmes de la vie en l'espace de 200 ans seulement depuis le début de l'ère industrielle. Le témoignage des populations autochtones qui ont vécu beaucoup plus longtemps dans le respect de leurs terres et des autres créatures vivantes et en symbiose avec elles, appelle l'attention sur notre déraison." Conférence des évêques de France, *La création au risque de l'environnement*, 40.

[122] Pierre T. de Chardin, *The Phenomenon of Man* (New York: Harper, 1959), 182-183.

[123] Voir Louis Vaillancourt, "Le concept de stewardship chez Douglas J. Hall comme fondement d'une théologie écologique christocentrée," *Sciences Religieuses/Studies in Religion* 29, n°1 (2000): 35-53.

[124] Conférence des évêques de France, *La création au risque de l'environnement*, 7.

[125] Voir John Hall Douglas, *Etre image de Dieu. Le stewardship de l'humain dans la création*. Traduit de l'anglais par Louis Vaillancourt avec la collaboration de Jean Desclos et Roland Galibois (Paris: Cerf, «collection Cogitatio Fidei » n° 258 ,1999), 89.

[126] "Pendant des millénaires, le rapport entre l'homme et la nature fut souvent conflictuel. L'homme devait mener un combat pour survivre. Défricher, chasser, cultiver, résister, domestiquer, habiter… autant de verbes qui évoquent des luttes ancestrales contre une nature souvent perçue comme hostile. Dans ce contexte, il était inimaginable d'interpréter la vocation humaine autrement que de manière brutale pour survivre." Conférence des évêques de France, *La création au risque de l'environnement*, 24.

Pour Hall, la domination à laquelle le créateur fait référence dans le livre de la Genèse est une domination 'coopératrice' non pas au sens étendu mais au sens figuré. Cela veut dire que c'est dans et par le monde que l'espèce humaine 'gouvernera' la terre.[127] Il ne s'agit pas de se l'approprier pour s'en servir à ses dépens, mais d'en faire un lieu habitable et convivial pour toutes les espèces vivantes de la planète. Cet appel doit être pris très au sérieux car pour « la première de notre histoire, pourtant bien récente, la Terre, berceau de l'humanité, est perçue comme capable de devenir son tombeau. »[128]

2.2.1.1 Stewardship : Perspectives de service

De plus en plus, le concept de stewardship est utilisé pour faire référence à la manière dont les biens relatifs à l'environnement sont utilisés.[129] L'idée majeure qui ressort de cette perspective est celle d'un 'care taker' à qui revient la responsabilité de prendre soin d'un bien qui lui a été confié. Le livre de la Genèse souscrit à cette orientation quand il y est écrit: « Dieu prit l'homme qu'il plaça au milieu du jardin d'Eden, afin qu'il puisse le cultiver et le garder. »[130] Cette péripétie du jardin d'Eden représente une mission anthropocentrique de protection et de surveillance de laquelle l'homme ne peut se départir.

La version poétique de Gn 1, 27-28[131] constitue le point de départ de toute tradition relative au stewardship. Gn 1, 27-28 renvoie à un stewardship qui se doit de contrôler la nature et ses dérivés de manière à s'inscrire dans les recommandations du Créateur selon lesquelles l'homme dominera la nature. Dans la société moderne, cette recommandation reçue du créateur semble être perçue sous deux angles différents.[132] Le premier angle conçoit la nature comme la source de toute ressource nécessaire à la survie et à l'épanouissement de tout être vivant; Dieu étant l'être transcendant, se situant au-dessus de tout et un peu éloigné de sa création. L'autre angle, place l'homme au centre et comme la source de tout, la nature n'étant qu'un simple et pur instrument dont il pourra se servir pour parvenir à ses fins tant physiques que matérielles. Sous cet angle, c'est à peine que Dieu le créateur est reconnu comme partie prenante du processus de création. Ce qu'il faut reconnaître c'est que le livre de la Genèse présente la création comme un tout dans lequel Dieu le créateur a la primauté et de l'ascendance sur tout ce qui est créé et sur tout ce qui vient à l'existence. Il ne donne pas simplement naissance à la création pour l'abandonner; bien au contraire il se rend omniprésent dans les différentes étapes que celle-ci connaît. Le créateur est la source et le point de départ de tout ce qui est créé et l'homme est sollicité de manière à ce qu'il s'inscrive

---

[127] Douglas J. Hall, *Etre image de Dieu. Le stewardship de l'humain dans la création*, 58.
"Le récit de Gn 1, 28 invite l'homme à veiller à ce que la terre produise des fruits en abondance, à ce que les océans regorgent de poissons, à ce que l'homme cultive la terre pour trouver la nourriture nécessaire à son existence." Conférence des évêques de France, *La création au risque de l'environnement*, 35.

[128] Conférence des évêques de France, *La création au risque de l'environnement*, 14.

[129] Nelson Suzy, "Stewardship of the Built Environment in England: Lessons for Developing Sustainable Communities," *Planning Practice & Research* 26 (2011), 1.

[130] Gn 1, 24; 2, 15. Voir aussi Ps 96, 11-13; 148, 9-10, 13.

[131] Gn 1, 27-28: "Et Dieu créa l'homme à sa propre image. A son image, il les créa ; homme et femme, il les créa. Et Dieu les bénit. Et Dieu leur dit : 'Soyez fécond et multipliez-vous ; emplissez la terre et soumettez-la ; dominez les poissons de la mer et les oiseaux du ciel, et tout chose vivante qui bougera sur la terre."

[132] Voir Robert A. Sirico, "Foreword," in Michael B. Barkey, *Environmental Stewardship in the Judeo-Christian Tradition. Jewish, Catholic, and Protestant Wisdom on Environment* (Grand Rapids: Acton Institute, 2000), vii.

dans le processus de création dans lequel Dieu veut l'associer. Dans cette optique, le créateur accorde et partage une partie de son pouvoir créateur avec l'homme qu'il crée à son image.

De notre point de vue, il est clair ici que la responsabilité accordée à l'homme pour perpétuer la création n'est en aucun cas un pouvoir dominateur, mais un service que celui-ci est amené à rendre à la communauté Terre, en fonction des capacités et des fonctions intellectuelles qu'il a reçues. Le stewardship doit d'abord et avant tout être un service[133] de l'homme au profit de la création tout entière et non au profit d'une seule espèce. Car la création est le fruit d'un bloc et d'un tout conçu pour la planète entière.

> Le monde est beau ! C'est Dieu qui l'a créé. Et chaque fois que Dieu crée une espèce d'animaux ou de plantes, il voit que c'est beau (Gn 1, 10 ; 13 ; 18 ; 21 ; 26). Et la Bible dit, quand Dieu crée l'homme et la femme : 'Dieu vit ce qu'Il avait fait, Il regarda et Il vit que c'était très bon' (Gn 1, 31). Dieu crée les hommes et les animaux le même jour (Gn 1, 24-31), dans un même élan créateur, ce qui veut dire que nous sommes frères et soeurs de la création, nous sommes tous liés à elle. Nous sommes créés à partir de la terre (Gn 2, 7). Nous en partageons la vie. C'est pourquoi nous devons l'écouter et vivre en union avec elle. La terre peut exister sans nous, mais nous ne pouvons pas exister sans la terre. Dans le deuxième récit de la création (Gn 2, 4 à 3, 24) il est précisé : 'Dieu mit l'homme dans le jardin pour cultiver le sol et le garder' (Gn 2, 15). Il faut donc que nous soyons des serviteurs justes et honnêtes, au service de la création, des jardiniers qui protègent et font grandir. D'ailleurs, quand nous protégeons la terre, c'est nous-mêmes que nous protégeons, car c'est dans ce monde que nous vivons, agissons et avançons. Et c'est par ce monde que nous allons à Dieu. [134]

Ainsi présenté, il est clair que c'est en se mettant au service de Dieu et au service de la planète que l'homme-steward assume pleinement son statut de 'gardien du jardin'.

Outre l'aspect de service, le concept de stewardship revêt aussi le sens de la médiation entre le divin créateur et les créatures qui sont le fruit du travail créationnel. Le steward, c'est l'être humain placé au centre de la création et qui assure l'intérimaire permanent et partagé du créateur. Il s'agit de rendre médiane la présence de Dieu dans sa création.[135] Cette médiation est aussi au centre de l'alliance que le Créateur conclut avec le peuple qu'il conduit dans un long pèlerinage vers une terre promise.

---

[133] Voir William Dyrness, "Stewardship of the Earth in the Old Testament," in Wesley Granberg-Michaelson (ed.), *Tending the Garden* (Grand Rapids: Eerdmans, 1987), 50-65. Voir aussi La Conférence des évêques de France: "Nous voici invités à nous comporter non pas en maîtres conquérants mais en serviteurs attentionnés qui soignent une planète fragile et limitée, aux ressources non renouvelables. Sans cette conversion, c'est l'humanité qui risque de disparaître." La création au risque de l'environnement, 39. ; Voir aussi James T. McHugh, "Stewards of Life, Stewards of Nature," in Christiansen and Grazer (eds.), *"And God Saw That It Was Good" Catholic Theology and the Environment* (Washington (D.C.): United States Catholic Conference, 1996), 321-326.

"Notre mission est de ramener la création tout entière vers Dieu et cette mission requiert attention et respect pour toutes les créatures. La place particulière qui est accordée à l'homme dans la création veut simplement dire que nous avons l'obligation et la responsabilité de vivre à l'image de celui qui nous a créés (cf. Lc 22, 26)." Voir Maria A. Aguado, "Mission Spirituality and Care for Creation: An Introduction," *International Review of Mission* 2 (2010), 178.

[134] Stenger & Billet, « *Laudato Si'* : événement ecclésial et mondial, » 20.

[135] Voir Calvin Dewitt, "The Good Steward," in Scott C. Sabin, *Tending To Eden: Environmental Stewardship for God's People* (New York: Judson, 2010), 42.

2.2.1.3 Stewardship: Perspectives de Préservation de la création

« La loi du 'stewardship' renvoie à une sacrée obligation de préserver et de protéger la terre dans toute sa majesté, c'est un jardin mis à notre disposition pour notre bien et pour le bien de toute la planète. »[136] Elle est lourde et précieuse la tâche de se situer au centre de la création et de la préserver. Il s'agit de préserver la nature, la biodiversité, la planète, la couche d'ozone, la diversité biologique, la qualité de l'eau. Il s'agit de protéger une création diversifiée, qui repose sur un équilibre extrêmement fragile en raison des violations répétées et incessantes dont elle est l'objet. Cette préservation nécessite que l'être humain fasse corps avec la création et qu'il se considère comme membre à part entière de la communauté Terre. Le danger qui guette le plus l'homme, est celui de ne pas pouvoir s'identifier à la création et aux autres créatures. Une fois que pareille attitude est adoptée, l'homme se transforme plus en braconnier plutôt qu'en préservateur. La place spéciale qui est accordée à l'homme dans la création, lui impose beaucoup plus de responsabilités et de tâches: « Les êtres humains, de fait, permettent à la création d'atteindre un stade de prise de conscience d'elle-même. Dans ce sens, ils occupent une place à part dans la création, mais ne peuvent en être détachés. »[137] La complexité de la création renvoie l'homme à une responsabilité aussi complexe. La préservation de la création sous-entend une préservation de toutes les espèces. Ceci requiert qu'une absence de conflit entre les différentes espèces constitue un préalable pour l'engagement de l'homme quant à la préservation de la planète.

Nous devons reconnaître que les différentes acceptions que nous avons présentées concernant le concept de stewardship nous laissent à penser que ce concept peut prendre des proportions assez négatives. En dépit du caractère protecteur et soignant que revêt ce concept, nous devons aussi dire qu'il peut à certains moments prendre des orientations paternalistiques. La question que se pose Curry est de savoir si la nature a réellement besoin d'un stewardship de quelque nature que ce soit pour poursuivre sa marche 'naturelle' vers son accomplissement?[138] Le créateur avait-il besoin de mettre un médiateur entre lui et la création? En mettant l'homme au centre du jardin, le créateur n'a-t-il pas compromis les chances de la création de suivre sa croissance naturelle? Si c'était à recommencer, que ferait Dieu, surtout en voyant la situation dégradante dans laquelle la création se trouve aujourd'hui? En jouant au médiateur, l'homme protège d'abord et avant tout ses intérêts propres avant de regarder les défis que la création lui lance. De notre point de vue, le concept de stewardship, dans cette perspective, présente un danger dans lequel l'homme a déjà probablement versé.

---

[136] Arjan J. Wardekker, "Ethics and Public Perception of Climate Change: Exploring the Christian Voices in the US Public Debate," 516.

[137] Jacques Haers, "Les théologies de l'environnement comme processus d'ecclésiogenèse et de perception commune," 21.

[138] Patrick Curry, *Ecological Ethics: An Introduction* (Cambridge: Polity Press, 2006), 28.

2.2.2 'Created Co-creator'

L'expression 'created co-creator' se donne à penser aussi bien sous l'angle théologique que séculier. C'est une expression que l'on peut intégrer dans la théologie chrétienne de la création divine.[139] La pensée anthropologico-théologique développée par Vitor Westhelle reconnaît que la nature humaine a été créée de manière dynamique et *évolutionnelle*.[140] De telle sorte que parler de 'created co-creator' est une invitation à la fois anthropologique et éthique faite à l'homme pour apporter sa participation à l'œuvre divine de la création. L'homme, comme *imago dei*, s'inscrit dans une dynamique eschatologique quant à sa place et son rôle dans la création. Le créateur crée sa création en donnant une image de lui à l'homme, une image qui confère à l'homme le pouvoir co-créatif en lien avec le créateur et en respect avec les contours ontologiques et divins de la création. La dynamicité anthropologique et théologique qui caractérise la création de l'homme, confère à celui-ci une charge et un sens de la responsabilité dont il est redevable à Dieu. Ceci pour dire que la présence de Dieu dans la création n'efface en aucun cas l'influence altérée que l'homme peut y apporter.

'Created co-creator' reflète l'invitation participative que le créateur adresse à l'homme en tant que collaborateur et coopérateur de la grâce divine de la création. C'est d'ailleurs pour cette raison que certains auteurs comme Svend Andersen, n'ont pas voulu utiliser le concept de 'created co-creator' mais plutôt de celui de coopérateurs qu'ils jugent plus fidèle et plus réflecteur de la réalité de la participation de l'homme au projet divin de la création. Andersen parle de cooperatores Dei.[141] Il est vrai que l'expression qu'utilise Andersen est simplifiée, mais elle reflète un peu mieux l'adhérence à laquelle l'homme est invité à faire preuve. C'est une participation aussi bien anthropologique que spirituelle dans ce sens l'homme s'investit totalement avec toute sa densité physique et sa transcendance spirituelle pour entrer dans le projet de Dieu sur la création. Ce projet consiste à ne pas laisser la création dans l'état des six premiers jours de la création. Il s'agit de continuer à coopérer à ce projet en contribuant à son expansion et à sa réalisation selon l'ordre divin.

2.2.2.1 L'homme co-créateur

Ce terme désigne donc un processus d'accompagnement, un terme de collaboration requis de la part de l'homme pour s'impliquer encore plus dans la 'creatio continua'. Le fait d'avoir été créé ne rend pas l'homme passif. Il ne doit pas subir la création; même en tant que créature, sa participation à l'œuvre de la création est requise. Le caractère actif de l'homme dans l'œuvre créatrice est déterminant pour son avenir et celui de la planète tout entière. A l'image de la co-création, telle que décrite dans le modèle managérial et dans le cadre des entreprises, l'homme se doit de s'investir à côté du créateur pour perpétuer les acquis de la

---

[139] Voir Philip Hefner, "Can the Created Co-Created Be Lutheran? A Response to Svend Andersen," *Dialog: A Journal of Theology 44* (2005), 184.

[140] Voir Vitor Westhelle, "The Poet, the Practitioner, and the Beholder: Remarks on Philip Hefner's Created Co-Creator'," *Zygon: Journal of Religion and Science* 39 (2004), 748.

[141] Svend Andersen, "Can Bioethics Be Lutheran?," *Dialog: A Journal of Theology* 43 (2004), 318.

création. « Ainsi donc, l'homme créé à l'image de Dieu, et appelé à tendre vers la ressemblance de Dieu, est *responsable* de toute la Création, quelle que soit son immensité, de la nature et avant tout de son prochain. »[142] La co-création présuppose que le créateur ne se pose pas en parfait dessinateur, mais qu'il accorde la possibilité à ses créatures de se constituer parties prenantes dans la sphère de la création.

Se constituer parties prenantes de la création ne veut surtout pas dire que l'homme devient l'égal de Dieu. Ceci est l'un des plus grands dangers qui guette l'homme. 'Created co-creator' doit toujours rappeler que le co-créateur a lui-même été créé et par ce fait même il ne peut se mettre au même pied d'égalité que le créateur. C'est cette erreur que Hefner reproche à Andersen, car pour Andersen 'created co-creator' veut dire placer Dieu sur la même estrade que l'homme. Mais Hefner, par contre, soutient que « être créé veut dire que nous sommes des créatures de Dieu, pas égales à Dieu, à moins qu'il y ait quelqu'un qui puisse apporter des arguments traditionnels et théologiques nouveaux. »[143] Il s'agit de s'inscrire dans la logique créatrice que Dieu offre à sa création. Même si l'homme introduit des éléments nouveaux dans cette création, ceux-ci se doivent de prendre en considération la ligne directrice que Dieu s'est fixé par rapport à la création. Cette ligne directrice consiste principalement à créer une profonde coordination et une harmonie totale entre les différentes espèces de la création. La splendeur de la création réside dans le fait qu'elle arrive à rassembler ensemble et en commun les diverses composantes de son être.

'Created co-creator' est une occasion offerte à toutes les créatures de participer et de faire entendre leurs voix, « en particulier les voix susceptibles d'être oubliées ou laissées pour compte, qu'il s'agisse de la voix des exclus ou des autres créatures, voire de celle de la création dans son ensemble. »[144] La co-création traduit donc le fait que le créateur ne s'est pas accaparé de tout mais il a tenu à ce que les créatures soient actives dans cette sphère et qu'elles trouvent les voies et moyens de contribuer à donner un caractère symbolique et sacré à la création.

> Parler de co-création, c'est dire que dans la nature même du geste créateur se trouve intégrée la part créatrice laissée, d'intention, de principe, à ce qui est créé. [...] Quand Dieu s'est reposé le septième jour, il a prié le monde de continuer son invention. Dieu n'est pas pour autant absent. 'Le silence qui suit la musique de Mozart est aussi du Mozart'. Dieu a créé son silence, pour que nous et le cosmos jouions à notre tour. En parlant de Dieu comme d'un créateur qui fait que les choses se font comme elles se font, nous nous rendons mieux compte du vrai visage et de la vraie hauteur d'un Dieu qui n'a pas voulu tout garder pour lui (la kénose de Ph 2,6), mais a voulu un cosmos créatif, un monde de genèse, de complexités innovantes, un monde qui n'est pas un scénario tout prêt.[145]

W. Drees soutient que l'être humain a été créé pour prendre soin de la création dans l'optique voulue et déterminée par le créateur. Le caractère rationnel et consciencieux de son

---

[142] Nicolas Lossky, "L'homme, roi de la création. Perspective orthodoxe," 49.
[143] Hefner, "Can the Created Co-Created Be Lutheran? A Response to Svend Andersen," 185.
[144] Jacques Haers, "Les théologies de l'environnement comme processus d'ecclésiogenèse et de perception commune," 21.
[145] Adolphe Gesche, *Dieu pour penser, IV. Le cosmos* (Paris: Cerf, 1994), 76-77.

être ne doit pas le conduire à dépasser les limites physiques et spatio-temporelles qui sont les siennes.[146]

Hefner développe une réalité anthropologique du 'created co-creator'. Il est d'avis que 'created co-creator' envisage une finitude de l'homme qui doit être reconnue et acceptée dans les limites liées à sa constitution d'être créé. 'Created co-creator' encourage à une participation anthropologiquement et éthiquement limitée dans le contexte spatio-temporel. Même l'idée de 'cooperatores Dei', trouve une finitude dans l'espace et le temps. L'homme doit se résoudre à s'accommoder à des limites au-delà desquelles il ne peut s'affranchir.

L'expression 'created co-creator' remet à une place déterminée aussi bien le créateur que l'être qu'il crée. Il s'agit d'accepter et de reconnaître qu'en tant que créateur, celui-ci jouit d'une possibilité de mouvement et d'actions beaucoup plus élargie que l'être qu'il crée. C'est aussi pour cela que Hefner parle d'un conflit inhérent à l'être créé car dans la participation à l'œuvre de la création divine, le créé doit faire face au créateur et aussi aux créatures créées autour de lui.[147] Jonathan Merritt a une manière d'exprimer cette idée: « Le retour probable eschatologique du créateur (maître) ne doit pas nous faire oublier nos obligations envers la création; bien au contraire, il nous y invite de plus belle. »[148]

Nous corroborons à l'idée selon laquelle, il faut qu'une claire distinction soit établie entre les prérogatives liées au créateur et celles relatives au créé. Si l'expression 'created co-creator' s'applique au créé c'est parce que et avant tout il est créé par le créateur et de fait il revient au créateur de proposer une ligne de conduite dans laquelle le 'created co-creator' peut s'inscrire. L'homme, comme 'created co-creator' ou même coopérateur de Dieu, se doit de rentrer dans la ligne fixée par son créateur pour arriver à une meilleure conception de la création qui se présente devant lui. Comme coopérant à l'œuvre de Dieu, l'homme se doit de s'estimer, mais il s'agit ici d'une estimation mesurée,[149] car l'auto-estimation est une attitude de forte arrogance qui a conduit à la dégringolade de l'homme.

La dégradation environnementale n'est-elle pas aussi une conséquence exagérée de la désacralisation qui entoure la création et ses créatures? Dieu se retire de la création pour permettre à ses créatures d'apporter leur part à l'édifice. Or le retrait de Dieu a semblé signifier la prise de pouvoir total de l'homme. L'homme peut-il se jouer ainsi de Dieu?

2.2.2.2 La tentation de se 'Jouer de Dieu'

La co-création entraîne un danger; un danger qui guette particulièrement l'humain: celui de prendre la place du créateur et de se prendre pour Dieu.

---

[146] Willem B. Drees (ed.), *Technology, Trust, and Religion Roles of Religions in Controversies on Ecology and the Modification of Life*, 17.

[147] "The term 'created co-creator' embodies the finitude and thereby seeks to introduce ambiguity and irony from the beginning… To be a 'created co-creator' is from the outset to be a conflicted creature. 'Created' designates and qualifies the co-creator. Even the agenda of the co-creator is a product of that co-creating, it cannot be referred only to God." Voir Hefner, "Can the Created Co-Created Be Lutheran? A Response to Svend Andersen," 187.

[148] Jonathan Merritt, *Green Like God: Unlocking the Divine Plan for Our Planet*, 86.

[149] Gary Deason, "Reformation theology and the Mechanistic conception of Nature," in David Lindberg & Ronald Numbers (eds.), *God and Nature: Historical Essays on the encounter between Christianity and Science* (Berkeley: California University Press, 1986), 167-191.

C'est aussi l'un des niveaux les plus dramatiques où se joue la crise environnementale: l'homme a non seulement voulu prendre la place du Créateur, mais il s'est lui-même vu dans la peau du créateur. L'homme déloge Dieu et se constitue Dieu, car il pense qu'il en a suffisamment les moyens et les possibilités. L'homme ne voit plus la nécessité de se référer ni de se soumettre à Dieu, car il a en mains toutes les possibilités qui lui permettent de se passer d'un créateur. Ce n'est pas de l'athéisme dont il est ici question, mais plutôt de la question de la place réelle de Dieu dans le quotidien de l'univers.

L'homme a voulu se 'jouer de Dieu';[150] en jouant ce jeu, il s'est plongé dans une profonde crise.

Se 'jouer de Dieu' [*playing God*] est une expression dont la connotation anthropologique fait croire que l'homme pourrait se passer de Dieu. Dans le contexte du changement climatique, cette expression rappelle la place centrale qu'est celle de Dieu dans la sphère de la création. Cette place est sienne et lui revient. L'homme ne peut ni tenir cette place, moins encore se l'approprier. Or, en cherchant par tous les moyens à se prendre pour celui qu'il n'est pas, l'homme cause du tort à la nature. Le créateur qui met la création en place veille à ce qu'il ne se positionne pas au-delà de limites de la création. Dieu s'impose une discipline qui le fait respecter les limites dans lesquelles la création est établie. Or avec l'homme, c'est une expérience totalement différente à laquelle nous assistons: usage exagéré des ressources naturelles et pollution inconsidérée de l'atmosphère dans laquelle il vit.

Le jeu de la substitution auquel l'homme veut s'essayer est une catastrophe pour le climat mondial. Ce qui est à noter, c'est que l'homme n'aurait jamais dû se substituer à Dieu; il n'aurait jamais dû prendre la place de Dieu car quel que soit le degré de savoir que l'être humain atteindra, il ne sera jamais Dieu. « 'Se jouer de Dieu' dans ce sens, conduit à l'orientation selon laquelle l'homme détermine ce que deviendra la nature. Cela veut simplement dire que nous nous mettons à la place de Dieu et la place de Dieu devient nôtre. »[151] La crise environnementale qui affecte le XXIe siècle est la révélation de la trop grande place que l'homme veut occuper sur l'échelle de la création. L'homme a été créé pour être *co-créateur*[152] avec Dieu mais pas Créateur d'un monde à lui. En voulant faire de la nature la plaque génératrice de ses capitaux et de ses richesses, l'homme se retrouve au milieu d'une catastrophe climatique qu'il ne sait plus gérer. En voulant se substituer à Dieu, il a dépassé des frontières qu'il ne devrait pas. « 'Se jouer de Dieu' c'est confondre gravement la connaissance que nous possédons de la sagesse de décider comment faire usage de cette

---

[150] Nous devons l'expression se 'jouer de Dieu', à Bossuet. Voir François Lachat, *Œuvres complètes de Bossuet* (Paris: Librairie de Louis Vivès Éditeur, 1862), 222.

[151] Jacques Gagne, "'... homme et femme Il les créa' Gn 1, 27: co-créateur et co-créatrice comme personnes sexuées, " *Sciences Pastorales* 11 (1992): 81-112. Pareilles idées ont aussi été développées par des hommes de science comme Ted Peters qui a voulu démontrer que le caractère co-créateur de l'homme dans le processus de la création en lien avec la science peut aller aussi loin. Il se pose la question de savoir jusqu'où l'homme peut aller dans le domaine de la médécine génétique. Sa liberté humaine est-elle limitée ou l'homme peut-il être libre de faire ce que bon lui semble? Voir Ted Peters, *Playing God?: Genetic Determinism and Human Freedom* (London: Routledge, 2003), 13-17.

[152] Le philosophe Henri Bergson a toujours soutenu l'idée selon laquelle l'homme doit pleinement participer à l'action créatrice de Dieu. Il a, sans peut-être le savoir, initié une philosophie de l'écologie ayant pour centre de gravité la création: "La création lui apparaîtra comme une entreprise de Dieu pour créer des créateurs, pour s'adjoindre des êtres dignes de son amour." Cf. Henri Bergson, "Les deux sources de la morale et de la religion," in *Œuvres* (Paris : PUF, 1959), 1192.

connaissance. Très souvent le manque de sagesse que nous croyons posséder, a souvent conduit la science à arriver à des résultats déplorables comme la destruction de l'écosphère. »[153]

2.3 CRÉATION ET CRISE ENVIRONNEMENTALE

Le jeu de la substitution de l'humain au divin est un antagonisme qui peut engendrer une crise profonde. La substitution de l'humain au divin permet-elle de prendre en compte les aspirations de toutes les espèces créées du globe? La création telle que conçue par Dieu, était orientée vers la promotion de la vie sous toutes ses formes. La substitution qui s'opère, confère-t-elle toujours à la création un espoir de vie ou une fin de mort?

L'une des constances du récit de la création est que tout a été créé en fonction et en complémentarité par rapport aux autres créatures. Les différentes créatures qui composent la création, l'ont été, de manière à ce qu'elles puissent se soutenir les unes les autres. Le récit poétique de la création contenu dans Genèse 1, montre qu'il a fallu six jours pour compléter et garantir une relative autonomie à la création. Le créateur, en sa qualité d'être transcendant et immanent, ne s'est pas privé de céder à ses créatures des parcelles de liberté et d'autonomie à travers lesquelles, celles-ci peuvent s'exprimer et entrer en relation les unes avec les autres. Les restrictions et le décalogue[154] que le créateur propose à ses créatures ne semblent pas leur montrer qu'il y a des limites dans toutes choses et que certaines d'entre elles ne doivent pas être dépassées. Malgré tous ces présupposés, l'homme s'est quelque fois senti la force et la capacité de se mettre dans la peau de Dieu, de se substituer à lui pour jouir pleinement de sa liberté. Avec la négation de Dieu, l'homme devient maître de sa propre liberté et agit de manière égoïste sur la nature avec la pollution, la déforestation des forêts et ce qui s'ensuit comme destruction de la couche d'ozone. Pareille théologie négative[155] conduit à une anthropologie fondée sur la liberté de l'homme; liberté de laquelle découlent assez souvent des dérapages de tous ordres.

Le jeu de la substitution semble plus être tourné vers la vie que vers la mort. Faut-il à l'homme se ré-approprier de certaines vertus pour retrouver le chemin de la vie?

---

[153] Peters, *Playing God?: Genetic Determinism and Human Freedom*, 13.

[154] Référence est ici faite à Dt 5, 7-21.

[155] Ce concept est évoqué par Jean-Luc Marion pour exprimer la négation de la présence de Dieu dans les différents contours de la création. Jean-Luc Marion, "Au nom: Comment ne pas parler de 'théologie négative': Langage apophatique, " *Laval théologique et philosophique* 55 (1999): 339-363.

2.4. CHANGEMENT DES MODES DE VIE

2.4.1. Une théologie du style de vie

2.4.1.1 Ré-appropriation de la vertu de l'humilité : L'homme ne peut pas être Dieu

Le changement climatique, comme le montre notre premier chapitre,[156] est la conséquence de l'action humaine sur l'environnement. L'impact de l'action humaine sur l'environnement est très grand. Si l'homme réduit son activité pollutrice, il y a de fortes chances que la question du changement climatique soit résolue; du moins, arriverait-on à une réduction des émissions de gaz à effet de serre. Une prise de conscience s'impose de la part de l'homme.

La vertu de l'humilité est requise pour arriver à une relation harmonieuse dans le sein de la création. L'homme a un rôle prépondérant à jouer dans ce processus. C'est cette humilité qui lui suggère de retrouver la place qui est la sienne dans la création. La vertu de l'humilité va établir des structures qui l'empêchent de dépasser les limites qui sont les siennes et respecter ainsi l'ordre de la création. En se faisant humble, l'homme n'osera pas franchir l'étape de devoir se substituer ou de se prendre pour Dieu.

2.4.1.2 Quel regard sur le style de vie moderne 'occidental'?

Thomas Berry condamne et blâme le style de vie moderne et occidental, qui d'après lui, a perdu tout sens d'identité car c'est une société qui a adopté un style de vie 'matérialistique' assez poussé.[157] Il semble être très sévère à l'endroit de la société occidentale et de sa religion chrétienne qui n'ont rien proposé au monde alors que sous d'autres cieux, les Hindous, les Bouddhistes et bien d'autres sociétés ont essayé de donner sens à la vie.
La sévérité de ce jugement traduit le-ras-bol d'une société dont les valeurs sont beaucoup plus matérielles que morales et spirituelles. Les aspects de consommation et de consumérisme sont devenus les valeurs les plus évidentes auxquelles cette société se réfère. Avec un pareil style de vie, la dégradation environnementale n'est pas prête de s'arrêter.

2.4.2 Christianisme et Nouveaux styles de vie: création et nouvelles attitudes

2.4.2.1 Piété écologique et société de consommation

M. Northcott insiste pour que les chrétiens deviennent le flambeau d'un changement radical dans le mode de vie calqué particulièrement sur l'Occident. Il est d'avis que les communautés chrétiennes doivent arriver à se démarquer de la manière dont la société de consommation régit la plupart des pays riches aujourd'hui. Il propose que les pays qui

[156] Cf. *supra*, 2-4.
[157] Thomas Berry, "The New Story," *Teilhard Studies* 1 (1978): 23-26.

connaissent déjà la sécheresse et les inondations répétées doivent se mettre à l'heure des panneaux solaires et faire appel à l'usage des énergies renouvelables.[158]

Northcott reprend l'analyse de Bonhoeffer à propos des trois premiers chapitres du livre de la Genèse, analyse dans laquelle Bonhoeffer montre que la chute est d'abord et avant tout, un désir inavoué de l'homme de se démarquer de la nature. En se départant ainsi de la nature, l'homme devient externe à la création, il se place lui-même en dehors du monde et de son environnement. L'homme devient ainsi un 'non-membre' de la création. Ceci est aussi bien valable pour le récit poétique de la création que pour le récit narratif. A partir de là, il n'a plus aucun remords à détruire et à violer les vestiges de la création de Dieu. L'homme ne retourne plus vers Dieu mais s'enferme dans la confiance aveugle que lui accordent la science et la technologie.[159]

C'est une véritabe mise en garde que François lance à l'humanité en l'invitant à reconsidérer son style de consommation qui est préjudiciable à son environnement naturel. « Étant donné que le marché tend à créer un mécanisme consumériste compulsif pour placer ses produits, les personnes finissent par être submergées, dans une spirale d'achats et de dépenses inutiles. Le consumérisme obsessif est le reflet subjectif du paradigme techno-économique. »[160] Ce style de vie est un déni du devoir de protection envers la création et le bien commun. François réfute ce consumérisme qui est à l'origine de nombreuses inégalités qui façonnent une configuration artificielle de notre monde. « Il s'agit de prendre en compte la réalité d'un monde limité et fini, combattre l'indifférence et la résignation. Se mobiliser non pas pour accentuer nos richesses, mais pour rendre le monde plus fraternel. »[161]

2.4.2.2 Le caractère effectif de la piété écologique

Northcott approuve cette analyse de Bonhoeffer, il insiste tout de même pour que soit mise en exergue une piété écologique dans laquelle le rôle de Dieu et des autres créatures est éminemment apprécié et reconnu dans la création. La piété écologique passe par un changement dans l'attitude de l'homme par rapport à Dieu, par rapport à lui-même et aussi par rapport à tout ce qui constitue l'environnement.[162] Tout comme Jean-Paul II qui conçoit la crise écologique comme un problème moral,[163] Northcott se résout à croire que les racines de la dégradation écologique de notre société résident dans la sécheresse spirituelle qui caractérise l'homme d'aujourd'hui.[164]

---

[158] Michael Northcott, *A Moral Climate: The Ethics of Global Warming* (London: Darton, Longman and Todd and New York: Orbis Books, 2007), 83.

[159] Référence est faite ici à Dietrich Bonhoeffer, *Creation and Fall: A Theological Interpretation of Genesis 1 - 3* (London: SCM Press, 1959), 38. Voir aussi Michael S Northcott, *The Environment and Christian Ethics* (Cambridge: Cambridge University Press, 1999), 48.

[160] François, *Laudato Si'*, n°203.

[161] Stenger & Billet, « *Laudato Si'* : événement ecclésial et mondial, » 16. Voir aussi Christian Pian, « *Laudato Si'* : La proposition d'une éthique écologique intégrale », *Revue d'éthique et de théologie morale* 2016/1 (n° 288) :33-52.

[162] Michael Northcott (ed.), *Diversity and Dominion: Dialogues in Ecology, Ethics, and Theology* (Portland, ON: Cascade Books, 2010), 73.

[163] Jean-Paul II, "La Paix avec le Créateur, la Paix avec toute la Création," n° 6.

[164] Northcott, "The Ecological Spirit: Being Church and Being Creatures," 8. Conférence donnée dans le cadre du theme *Jesus and the Earth: the Gospel and the Future of the Environment* le 8 février 2003 à l'Université de

Northcott défend une piété écologique qui consiste à redéfinir notre rôle en tant qu'humains dans la sphère de la création. Cette piété consiste à dépendre de moins en moins de l'usage des véhicules personnels, à réduire au maximum l'usage de l'énergie dans le chauffage des maisons et air conditionné. Le point le plus important pour Northcott réside dans la relation que l'homme entretient avec la nature.[165] L'homme voudrait vivre comme si la nature n'existait pas ou que celle-ci n'a aucun impact dans sa vie quotidienne.

Pour que soit mise en pratique la piété écologique, l'homme doit d'abord accepter qu'il n'est qu'une créature de Dieu, une créature avec des attributions positives et des déficiences. « C'est la manière la plus authentique de faire justice à Dieu, de faire justice à l'homme lui-même et de faire justice à toutes les autres créatures qui ont été créées. »[166]

2.4.2.3 Quelques modèles de piété écologique

Il est important de souligner ici que plusieurs modèles peuvent être proposés et analysés. Mais nous avons préféré nous arrêter brièvement sur deux modèles pour montrer qu'il est encore possible de se baser sur certaines valeurs pour redorer le blason de l'environnement.

2.4.2.4 Les moines bénédictins

Les moines bénédictins ont marqué l'histoire de la spiritualité de l'Eglise à travers le souffle nouveau que leur manière de vivre y a insufflé. C'est une manière de vivre très simple et très humble qui requiert une participation active et effective du moine à la vie de prière, au travail et à la relation fraternelle (*Ora et Labora*: devise liée à la vie bénédictine qui recommande d'allier travail et prière car l'oisiveté est dangereuse pour l'âme). C'est une révolution à la fois spirituelle et agricole que va connaître le IVe siècle dans l'Eglise mais aussi dans la société tout entière.

Selon Wendell Berry, les moines ont donné un exemple d'agriculture 'bio' que la société tout entière doit imiter. Il s'agit d'une agriculture d'auto-production avec des moyens et des instruments purement naturels. Saint Benoît, avec sa règle de vie, a offert à ses moines de travailler la terre comme don de Dieu, et de cette manière, de louer Dieu pour l'œuvre de sa création infiniment bonne. Benoît est convaincu que c'est dans le travail et la prière que l'homme tout entier trouve son parfait accomplissement.[167] Il recommande une agriculture qui s'inscrit dans le profond respect de la nature et de ses cycles. Labourer, mais aussi donner à la terre le temps de se ressourcer pour parvenir à de bonnes récoltes. Ce genre de travail convie

---

Gloucestershire en Grande Bretagne. Cet article est disponible sur http://www.jri.org.uk/resource/northcott_ecological_spirit.pdf, consulté le 8 février 2011.

165 Northcott, "The Ecological Spirit: Being Church and Being Creatures," 6.

166 Stanley Hauerwas, *After Christendom: How the Church is to behave if freedom, justice, and a Christian nation are bad ideas* (Nashville: Abingdon Press, 1991), 89.

167 Voir Règle de Saint Benoît, 66, 6-7 dans Philippe Schmidt, *Histoire de l'Ordre de Saint Benoît* (Maredsous: Editions de Maredsous, Tome I, 1942), 95-101. Voir aussi, Terrence G. Kardong, "Ecological Resources in the Benedictine Rule," in Albert J. LaChance & John E. Carroll (eds.), *Embracing the Earth. Catholic Approaches to Ecology*, 163-173.

le moine à faire corps avec la création, à s'imprégner d'elle au point d'en faire une collaboratrice et pas simplement un instrument à exploiter. Cette fusion homme-nature crée une harmonieuse réalité que Dubos qualifie « d'intéressant et créatif écosystème. »[168]

Berry insiste sur le fait que le mode de vie bénédictin, s'il est suivi peut redonner un peu de regain à notre écosystème. Il écrit en effet:

> La vie de tous les jours exige que soit rompu le pain et versé le sang de la création. Quand ceci est fait de manière consciente, affectionnelle, adroite et révérencielle, ceci est un sacrement. Quand on le fait de manière instinctive, irréfléchie, égoïste et destructive, c'est une désacralisation. Dans cette désacralisation nous nous dirigeons nous-mêmes vers une sécheresse morale et spirituelle.[169]

Le style de vie bénédictin a apporté un souffle nouveau à la manière d'entrer en relation avec le monde et la terre. C'est une manière qui ne fait recours ni à l'agressivité ni à la recherche effrénée de biens matériels. C'est un style de vie interactif très simple dans lequel la relation à Dieu et à la nature prend tout son sens profond.

C'est un modèle et un exemple à suivre. L'impulsion bénédictine peut être une voie de sortie de la crise environnementale. Ceci demande un changement radical que l'humanité n'est sûrement pas prête à accepter mais c'est un devoir pour nous que de le proposer. Nous espérons que les frères bénédictins encore présents dans les rares monastères aujourd'hui, ont gardé et conservé cette sobriété de la relation à la nature et à la vie.

2.4.2.5 Saint François d'Assise

François d'Assise a porté très haut le flambeau de la contemplation de la création en tant qu'œuvre sainement et divinement accomplie par Dieu.[170] François a travaillé pour mettre en valeur la création et accorder à toutes les créatures le respect qui était le leur. Il a pris comme principale forme de méditation, la contemplation de la nature dans sa beauté, ses animaux, ses arbres et fleurs et aussi dans les êtres humains qui la composent.[171] Cette contemplation de la beauté de la nature rime avec un respect de ce que Dieu a créé, de l'ordre de la création et de tout ce qui en constitue l'harmonie. Cette harmonie ne doit en aucun cas être perturbée; elle doit plutôt être admirée et perpétuée. « Nous avons fait de l'homme le

---

[168] Dubos, *Wooing the Earth* (New York: Scribner's Sons, 1980), 28.

[169] Wendell Berry, *The Gift of Good Land* (San Francisco: North Point Press), 113.

[170] Les célèbres cantiques: 'Frère Soleil, 'Le Cantique des Créatures', 'Le sermon aux oiseaux', sont les plus beaux cantiques rédigés par François. C'est à travers ces cantiques que sa notoriété au niveau écologique a pris de l'ampleur. Jean-Paul II l'a fait patron céleste des écologistes en 1979. Un débat s'est créé autour de la question de l'authenticité du penchant de François à l'égard de l'écologie. Voir à ce propos Keith Warner, "Was St Francis a Deep Ecologist?," in Albert J. LaChance & John E. Carroll (eds.), *Embracing the Earth. Catholic Approaches to Ecology* (Maryknoll, N.Y.: Orbis Books, 1994), 225-240.

[171] Théophile Desbonnets & Damien Vorreux, *Saint François d'Assise. Documents, Ecrits de François et premières biographies* (Paris: les éditions franciscaines, 1968), 62. Voir aussi, Eloi Leclerc, *Le Cantique des Créatures ou les symboles de l'union, une analyse de François d'Assise* (Paris: Le Signe-Fayard, 1970); André Vauchez, *François d'Assise* (Paris: Fayard, 2009); François Delmas-Goyon, *Saint François d'Assise, le frère de toute créature* (Paris: Parole et Silence, Ecole Cathédrale, 2008); Michel Feuillet, *Les visages de François d'Assise, l'iconographie franciscaine des origines, 1226-1282* (Paris: Desclée de Brouwer, 1997).

centre de tout au lieu d'en faire le serviteur de tout et de prêter sa voix à la nature ainsi que François d'Assise l'a fait pour l'entraîner vers son créateur au-delà du temps, au seuil de l'éternité, et ceci dès aujourd'hui. François qui a chanté le cantique de la fraternité cosmique n'a évidemment pas oublié la fraternité sociale et le droit de tous les pauvres à en faire partie. »[172]

2.4.3 Radicalité dans le changement

2.4.3.1. La méthode ascétique

L'adjectif 'ascétique' est un concept qui effraie l'être humain, surtout l'homme qui vit au XXIe siècle. Le mot ascèse trouve ses origines dans le latin du Ve siècle où il faisait référence à tout ce qui est religieux, monastique, spirituel et caritatif.[173] Ce terme traduit essentiellement une attitude de discipline en fonction de l'idéal que l'on se donne d'atteindre. Il ne s'agit donc pas de se priver de tout, mais plutôt de se donner des objectifs et de s'imposer une discipline pour arriver à l'objectif fixé.

John Chrissavgis explore la méthode ascétique qui, d'après lui, est la seule qui puisse redonner à l'homme et à l'environnement leurs blasons d'antan.

> La crise environnementale ne peut être résolue simplement avec des expressions sentimentales ou des formules de regret. C'est l'esprit ascétique ou encore l'esprit de sacrifice qui peut conduire à une solution au problème écologique en insistant sur l'abandon et l'oubli de soi. L'esprit ascétique peut conduire à un esprit d'amour et de gratitude; il peut aussi aider à redécouvrir la bonté et la beauté de notre relation avec le monde.[174]

C'est une attitude fondamentale et capitale que l'homme du XXIe siècle doit absolument adopter. C'est une discipline sans laquelle la dégradation environnementale va poursuivre son chemin. Il n'y a pas de grandes choses qui se soient réalisées dans l'histoire sans sacrifices et ascèse. Cette ascèse trouve ses fondements surtout dans le Nouveau Testament avec des thèmes comme la renonciation aux biens (Lc 9, 57-62; 12, 33) et une orientation tournée vers la vigilance constante (Mt24, 42; 25,13).

---

[172] Conférence des évêques de France, *La création au risque de l'environnement*, 28.

[173] Voir Andrew Louth, "Ascèse," in Jean-Yves Lacoste (sous la direction de), *Dictionnaire critique de théologie* (Paris: Presses Universitaires de France, 1998), 89.

[174] John Chrissavgis, "Icons, Liturgy, Saints: Ecological insights from Orthodox Spirituality," *International Review Mission* 99, n°2 (2010), 187.

2.4.3.2 La méthode spirituelle

Dans son article, "Justice, Peace and Care for Creation: What is at stake? Some South African perspectives", Conradie se pose une question essentielle: Le changement climatique peut-il devenir une question spirituelle?[175]

Une orientation spirituelle est à envisager et est fortement recommandée car le scientifique et le technologique ne pourront seuls répondre au défi du changement climatique et de la crise environnementale. C'est aussi la perspective fondamentale que propose J. Blamont.

Ce siècle a besoin d'être spirituel, autrement il passera à côté d'un grand tournant de l'histoire de l'humanité présente et future. Nous voudrons axer cette méthode sur une spiritualité de l'engagement; cette spiritualité de l'engagement va déboucher sur une théologie de la sobriété que nous développerons dans la dernière section de notre travail.

2.4.3.3 La méthode spirituelle: l'engagement

Jacques Blamont, homme de science français particulièrement tourné vers l'astronautique et l'astrophysique,[176] prêche une grande implication des Eglises pour que la face de la terre soit renouvelée et sauvée. Il ne voit pas d'autres alternatives que les Eglises re-prennent en main la flamme morale qui les ont caractérisées pour prôner un retour à un mode de vie plus simple, où le productivisme et la productivité ne seront plus les maître-mots. Il voit en l'implication de l'Eglise, surtout Catholique, l'une des voies principales qui pourrait conduire à la résolution du conflit environnemental. « ...je pense qu'aucune autre structure que l'Eglise ne pourrait faire de travail utile. »[177] Le grand espoir repose sur l'Eglise, qui doit sortir de son sommeil et de son anorexie[178] pour s'impliquer plus davantage sur le terrain écologique et proposer des éléments concrets dont pourront se servir ses fidèles pour désamorcer la crise environnementale. « Si l'on veut essayer d'empêcher la catastrophe, il faut créer un mouvement; ce mouvement, il faut qu'il soit de nature spirituelle; c'est-à-dire qu'il proclame une éthique nouvelle: essayons de vivre avec moins de gaspillage, plus de conscience de ce qu'est l'homme par rapport à la Terre. »[179]

Une grande espérance a été placée dans l'Eglise à ce sujet certes. Cette espérance spirituelle doit se traduire par des actes concrets que l'Eglise doit être en mesure de pouvoir

---

175 'Climate change as a spiritual issue' est le sous-titre d'une question que Ernst M. Conradie développe dans son article "Justice, Peace and Care for Creation: What is at Stake? Some South African perspectives," *International Review Mission*, 209.

176 Jacques Blamont s'est spécialement occupé durant sa carrière scientifique des questions liées à l'astronautique et à l'astrophysique. Il a aussi longtemps travaillé dans l'aérospatial; il a été directeur du Centre National d'Etudes Spatiales pendant près d'une décennie (1962-1972).

177 Jacques Arnould & Jacques Blamont, *"Lève-toi et marche." Propositions pour un futur de l'humanité* (Paris: Odile Jacob, 2009), 167.

178 "Mon raisonnement aboutit à ce que ces structures soient liées à l'Eglise Catholique. Mais à condition qu'elle sorte de ses ornières, qu'elle se modernise, c'est-à-dire, comme vous le dites, qu'elle fasse appel à des partenaires." in Arnould & Blamont, *"Lève-toi et marche." Propositions pour un futur de l'humanité*, 158.

179 Arnould & Blamont, *"Lève-toi et marche." Propositions pour un futur de l'humanité*, 158.

mener. Cette espérance passe par de petits faits significatifs comme le recours à une simplicité dans le style de vie.

2.4.3.4 Une méthode spirituelle : revalorisation et 're-sacralisation' de la nature

Le concept de 're-sacralisation de la nature' auquel nous faisons référence dans cette section renvoie au caractère anthropologique et culturel que revêt la notion de sacré. Le sacré est très souvent considéré comme ce qui se prête à la révérence, au respect et même à la circonspection. Dans un langage simple, on dirait que la sacralisation est aux antipodes de la 'profanatisation':[180] ce qui est sacré n'est pas profane, mais ce qui n'est pas profane n'est pas nécessairement sacré. Il s'agit de créer une opposition axiologique entre ce qui est considéré comme sacré et ce qui ne l'est pas. C'est le sens que Mircéa Eliade donne au concept de hiérophanie.[181]

La sacralisation de la nature, dans l'optique d'Eliade, s'inscrit fondamentalement dans une perspective qui veut que la nature soit abordée dans le sens d'un profond respect par égard pour son créateur mais aussi pour les créatures qui y demeurent. Cette sacralisation de la nature qui a été sérieusement éprouvée par le réchauffement global a besoin d'être reconquise. C'est une démarche qui est capitale et importante dans perspective d'une atténuation des gaz à effet de serre et autres polluants. La notion de sacralisation renferme en elle l'idée de peur sans laquelle il sera difficile à l'homme de changer son regard sur la nature. En effet Mircéa Eliade reconnaît qu'il est nécessaire

> d'insister sur le caractère paradoxal qui constitue toute hiérophanie, même celle qui est considérée comme la plus élémentaire. En effet, en manifestant le sacré, tout élément devient autre chose sans être ce qu'il est puisqu'il participe toujours de son milieu cosmique environnant. Un objet reste un objet. Mais pour ceux qui y confèrent un caractère sacré, la réalité naturelle relative à cet objet se transforme en réalité surnaturelle.[182]

Le changement climatique, tel qu'il est vécu aujourd'hui, recommande à l'homme de se mettre en totale relation avec la nature pour qu'il en redécouvre la valeur et la teneur. L'homme ne peut se permettre de vivre comme si la nature n'est qu'un instrument ou un moyen pour arriver à satisfaire ses besoins. Elle est partie prenante du cosmos et de la création. A cause de cela, l'homme se doit de rester proche d'elle et vivre en profonde et totale relation avec son environnement.

Cruchley-Jones, fidèle à sa perspective de conversion, rappelle que « nous n'avons pas besoin de plus de théologies de la création; ce dont nous avons besoin sont des spiritualités et des pratiques de changement qui nous invitent à nous mettre en relation avec la communauté

---

[180] Voir Dominique Memmi, "Administration du vivant et sacralité," *Vingtième Siècle. Revue d'histoire* 87 (2005): 143-157.
[181] Voir Mircéa Eliade, *Traité d'histoire des religions* (Paris: Payot, 1964), 12.
[182] Mircéa Eliade, *Le sacré et le profane* (Paris: Gallimard, 1957), 18.

Terre [...]. J'ai bien peur que l'éco-théologie continue d'être une pratique purement intellectuelle qui ne conduit à aucune obligation de changement. »[183]

Ces spiritualités de changement consistent à assurer le salut de l'homme, de la terre qui l'accueille et ainsi rendre aux autres créatures et espèces, la liberté fondamentale de demeurer sur la planète. Car ce qui est le plus important, ce n'est pas « d'être sauvé, ou de recevoir le salut, mais le plus important c'est l'être du sauvé. »[184] Or, si l'être du sauvé est important, cette importance doit se manifester en protégeant et en garantissant l'intégrité de son environnement. D'où cette remarque judicieuse de Malraux: « la science du [XXIe]siècle sera spirituelle, ou ne le sera pas. »[185]

2.5 ORIENTATION VERS UNE THÉOLOGIE DE LA JUSTICE CLIMATIQUE

La question de la justice a toujours été au cœur des évangiles et de la doctrine chrétienne.[186] Il s'agit d'une valeur à laquelle la religion chrétienne a accordé et accorde encore une énorme d'importance. Il s'agit de s'assurer que les peuples de différents continents, pays, de différentes cultures et origines aient accès à un environnement naturel favorable à leur épanouissement et à l'éclosion d'une vie humaine digne. Pareille théologie insiste sur les droits et devoirs de chaque citoyen tout en mettant un accent particulier sur le droit à la vie, à une vie digne et intègre à laquelle tout être humain a droit.[187]

En juin 1991, the First National People of Color Environmental Leadership, avait établi une liste de 17 principes environnementaux relatifs à la justice environnementale. De cette liste, il ressort clairement que la justice climatique passe avant tout par le respect strict et total de la dignité liée à tout être humain dans l'exercice de ses droits et l'assimilation de ses devoirs, par rapport à lui-même, par rapport aux autres espèces vivantes et enfin par rapport à la terre.[188] C'est une condition *sine qua none* sans laquelle, la justice climatique resterait un vain mot. Dans son rapport annuel de 2009,[189] la Caritas International estime qu'une éthique globale est nécessaire quant à la mise en place structurelle d'une théologie de la justice climatique fondée sur les valeurs de solidarité, de responsabilité et d'intégrité de la création que nous analyserons ci-dessous. Mais avant cela, il nous paraît essentiel d'examiner les différentes difficultés liées à la crise écologique, en lien avec le changement climatique. La

---

[183] Peter Cruchley-Jones "'Converted and always converting': Transformational spirituality as metanoia," *International Review of Mission*, 201.

[184] Voir Arnold A. van Ruler, *Verwachting en voltooiing: Een bundel theologische opstellen en voordrachten* (Nijkerk: Callenbach, 1978), 55.

[185] André Malraux, *La mélodie secrète* (Paris: Fayard, 1988), 339.

[186] Cf. Guillermo Kerber, "Caring for Creation and Striving for Climate Justice," *International Review Mission*, 223. "La justice est le socle du message biblique. Le Dieu de l'Ancien Testament est un Dieu de justice. La Torah éclaire et traduit en termes pratiques ce que cela veut dire d'agir de manière juste (cf. Dt 10, 18-19). Dieu est un Dieu qui pratique et aime la justice, qui prend soin des pauvres et répond à leurs appels. Comme nous pouvons le lire dans Dt 10, 18-19, la soif de la justice dans la Bible est intrinsèquement liée aux droits des oppressés et des plus vulnérables."

[187] Cf. Mark I. Wallace, "Environmental Justice, Neopreservationism and Sustainable Spirituality," 596-612.

[188] Voir The First National People of Color Environmental Leadership Summit, "Principles of Environmental Justice," in Roger S. Gottlieb (ed.), *This Sacred Earth. Religion, Nature and Environment,* 729-731.

[189] Caritas International, "Justice climatique: A la recherche d'une éthique globale," disponible sur http://www.caritas.org/includes/pdf/climatejusticefra.pdf, consulté le 20 février 2010.

théologie de la justice climatique se doit être en profonde relation avec les principes fondateurs de la vie sociale révélés dans le livre de la Genèse. Ce sont des principes « qui nous invitent à comprendre qu'aucun homme est appelé au bonheur sans les autres ou sans respect de tous les êtres et de toutes les choses, sans respect du mystérieux dessein créateur de Dieu. »[190] Ces principes, nous les qualifierons de principes de sociabilité et de relationalité. Ce sont des principes dont l'être humain se sert pour se mettre en relation avec l'autre et aussi pour prendre part à une vie communautaire sans laquelle l'épanouissement nécessaire à tout être humain sera difficilement accompli. L'être humain a besoin d'un autre être humain, de la nature et aussi des autres espèces pour donner un plein sens à son existence spacio-temporelle. Il s'agit de l'« établissement d'un nouveau paradigme en s'engageant pour une vie plus saine, une vie bonne et pour le bien commun. »[191]

2.5.1 Justice climatique et Solidarité

2.5.1.1 L'intérêt de l'Eglise en matière d'écologie et d'environnement

Il faut dire que l'Eglise Catholique a une longue tradition écologique en son sein. Elle n'a pas attendu la dégradation complète des structures environnementales pour hausser la voix.

Au XXe siècle Paul VI n'est pas resté insensible aux souffrances que l'homme inflige à la nature, souffrances, qui à la longue, se retournent contre l'homme lui-même:

> L'homme devient de plus en plus conscient qu'une mauvaise exploitation de la nature contribue à la détruire. Et l'homme devient lui-même victime de cette dégradation. Non seulement l'environnement matériel devient une menace permanente: pollutions et déchets, nouvelles maladies, pouvoir destructeur absolu; mais c'est le cadre humain que l'homme ne maîtrise plus; créant ainsi pour le futur un environnement qui lui sera hostile. Ceci est un problème d'une envergure sociale qui concerne toute la famille humaine. Le chrétien doit se tourner vers ces nouvelles perceptions afin de prendre ses responsabilités, ensemble avec le reste de la communauté humaine, en vue d'une destinée commune.[192]

L'harmonie supposée régner entre l'homme et la nature semble être entrain de se briser. Ce cri d'alarme lancé par Paul VI ne va pas rester sans écho au sein de l'Eglise. En juin 1972, quand se tient la Conférence des Nations Unies sur l'environnement à Stockholm, une lettre[193] de Paul VI sera lue au début des travaux; lettre dans laquelle il réitère son souhait et son désir de voir une parfaite communion entre l'homme et la nature.

---

[190] Conférence des évêques de France, *La création au risque de l'environnement*, 36.
[191] Stenger & Billet, « *Laudato Si'* : événement ecclésial et mondial, » 16.
[192] Voir Paul VI, *Octogesima Adveniens* (Citta del Vaticana: Libreria Editrice Vaticana, 1971), n° 21.
[193] Voir "Message du Pape Paul VI à l'occasion de l'ouverture de la Conférence des Nations-Unies sur l'environnement," *La Documentation Catholique* n° 1613 (1972), 668-669.

2.5.1.2 L'Eglise dans la tourmente écologique: Un recours à la Solidarité est-il possible?

Après avoir dénoncé les abus et les excès de l'homme sur la nature, Paul VI insiste pour que l'on arrive à une humanisation de la nature qui passe par la solidarité de tous avec tous. « A l'interdépendance doit désormais répondre la coresponsabilité; à la communauté de destinée doit correspondre la solidarité. »[194] Après Paul VI, Jean-Paul II va prendre le relais des questions d'écologie dans la sphère ecclésiale.

2.5.2 La perspective de Jean-Paul II

Jean-Paul II va placer son pontificat sous le signe de la communion sociale insistant profondément sur une relation harmonieuse entre les différentes couches de la société. Jean-Paul II lance un appel au respect des ressources exploitées en tenant compte des besoins des uns et des autres. Il réitère son désir de voir le clivage entre différentes couches sociales être considérablement réduit.[195] Il se montre également comme le grand défenseur de la destination universelle des biens.

2.5.2.1 L'environnement comme 'bien collectif'

Jean-Paul II décrit l'environnement comme 'un bien collectif'[196] auquel tous les hommes et toutes les espèces de la planète ont droit. C'est un don du Créateur qui doit bénéficier au rayonnement de tout être quelle que soit sa forme. « Notre responsabilité nous engage à une solidarité dans l'espace, avec l'autre extrémité de la Terre, en d'autres pays que celui où nous habitons, avec les océans, dans les airs, pour que la vie soit possible aujourd'hui, partout dans la durée, pour que les générations futures puissent vivre. »[197]

La crise environnementale nécessite de la part de tous les hommes un comportement altruiste qui peut aider à permettre à tous d'avoir accès aux richesses que génère la nature. La solidarité comme un aspect déterminant de la responsabilité de l'homme dans le jargon écologique est largement évoqué par Jean-Paul II. Il place la solidarité sous le signe du principe social et de la vertu morale.[198] Il instaure un lien très fort entre l'environnement et la paix. Comme pour dire qu'aussi longtemps que l'homme n'aura pas réglé la question écologique, il lui sera difficile de vivre dans un environnement de paix.

C'est à ce niveau que la compréhension de l'environnement comme bien collectif doit trouver toute sa splendeur. En effet, l'environnement comme bien collectif se caractérise

---

[194] "Message du Pape Paul VI à l'occasion de l'ouverture de la Conférence des Nations-Unies sur l'environnement," *La Documentation Catholique* n° 1613 (1972), 668-669.

[195] Cf. Jean-Paul II, *Sollicitudo rei socialis* (Citta del Vaticana: Libreria Editrice Vaticana, 1998), n° 34.

[196] Conseil Pontifical Justice et Paix, *Compendium de la Doctrine Sociale de l'Eglise* (Citta del Vaticana : Libreria Editrice Vaticana, 2005), n° 466.

[197] Conférence des évêques de France, *La création au risque de l'environnement*, 26.

[198] Conseil Pontifical Justice et Paix, *Compendium de la Doctrine Sociale de l'Eglise*, n° 192b. Voir aussi Jean-Paul II, "La crise écologique met en évidence la nécessité morale urgente d'une solidarité nouvelle," *Message pour la Journée de la Paix*, n° 10.

spécialement par sa non-excluabilité et sa non-rivalité.[199] La non-excluabilité et la non-rivalité sont des caractéristiques à travers lesquelles les biens collectifs s'offrent et se proposent à tous les usagers. L'environnement devient un bien collectif à partir du moment où son usage par un individu n'exclut par les autres de pouvoir en faire usage aussi. L'environnement, comme bien, n'est ni excluable, ni rival. Ce que l'humanité a à faire est d'arriver à rendre ce bien réellement collectif, en le mettant de manière saine à la disposition de tous ceux qui doivent en faire usage. Il cesse d'être collectif à partir du moment où l'on ne peut plus en faire usage de manière digne et censée.

Juste après Jean-Paul II, le pape François établira clairement et sans ambages que le climat est actuellement comme un bien commun, mis sous la disposition de tous. « Le climat est un bien commun, de tous et pour tous. Au niveau global, c'est un système complexe en relation avec beaucoup de conditions essentielles pour la vie humaine. »[200] Cette approche le pousse d'ailleurs à considérer le climat comme une donnée qui ne peut être prise en otage par le plus riches au détriment des plus pauvres.

2.5.3 La perspective de Benoît XVI

Benoit XVI, s'est lui aussi mis dans la lignée de Jean-Paul II pour poursuivre ce combat de l'écologie contre la dégradation du tissu environnemental. Ce combat s'établit d'abord sur des bases justes à travers lesquelles une possibilité doit être accordée à toutes les créatures en vue de faire face à la crise écologique de ce siècle.

2.5.3.1 Respect des équilibres naturels de la création

Dans son encyclique Caritas in Veritate, Benoît XVI s'engage dans un sévère réquisitoire en analysant les rapports entre développement et écologie. C'est uniquement dans le respect des équilibres naturels que revêt la création que l'homme doit se servir des ressources naturelles pour garantir une longue et paisible vie à la terre.[201]
Une nouvelle solidarité est une nécessité à la fois morale et éthique dont l'humanité a besoin pour faire face au changement climatique. Sans cette solidarité, le changement climatique va 'avaler' et 'engloutir' la planète terre. La solidarité dont il est ici question, est celle qui unit les hommes pour combattre un ennemi commun. Il s'agit de mettre ensemble toutes les forces nécessaires pour faire face au changement climatique, surtout de prévenir un gouffre total pour les générations à venir.

---

[199] Cette thèse a été développée par John G. Head au milieu du XXe siècle. C'est une thèse dans laquelle il développe les thèmes liés à la non-excluabilité et la non-rivalité relatives au bien collectif. Voir John G. Head, *Public Goods and Public. Welfare* (Durkham: Duke University Press, 1974), 79. Plus tard d'autres penseurs ont développé des idées relatives à celles de Head. Musgrave et Eecke ont parlé de 'biens méritoires'. Voir, Richard A. Musgrave, "Merit Goods," in John Eatwell, Murray Milgate and Peter Newman (eds.), *The New Palgrave: A Dictionary of Economics,* vol. 3 (London: Macmillan, 1987), 452-453; Wilfried Ver Eecke, "Le concept de 'bien méritoire' ou la nécessité épistémologique d'un concept éthique dans la science économique," *Laval théologique et philosophique* 57(2001): 23-40.

[200] François, *Laudato Si'*, n°23.

[201] Benoît XVI, *Caritas in Veritate* (Citta del Vaticana: Libreria Editrice Vaticana, 2009), n° 19.

2.5.3.2 La solidarité mondiale et la nouvelle solidarité

Benoît XVI a lancé un appel pressant à toutes les personnes de bonne volonté pour que la solidarité devienne un concept concret et rassemble toutes les forces vives autour du combat contre le changement climatique. Il parle de 'la solidarité mondiale' et de 'la nouvelle solidarité'[202] sans lesquelles des nouvelles attitudes vis-à-vis de la crise écologique ne pourraient voir le jour.

La sauvegarde de la création restera un vain mot aussi longtemps que celui-ci ne sera pas associé au concept de solidarité; solidarité à tous les échelons de la vie mondiale. Benoît XVI va jusqu'à reprendre une phrase de Paul VI pour étayer son argumentation: « le développement intégral de l'homme ne peut aller sans le développement solidaire de l'humanité. »[203] Ceci est en vue de montrer que le caractère solidaire des actions humaines peut aider à atténuer, sinon à résoudre le conflit écologique dans lequel se retrouve plongée l'humanité aujourd'hui.

La nouvelle perspective que Benoît XVI ouvre dans Caritas in Veritate, s'inscrit dans le rôle majeur que doivent jouer les droits et devoirs des êtres humains. Il insiste beaucoup plus sur le terme de devoir: « La solidarité universelle qui est un fait, et un bénéfice pour nous, est aussi un devoir. »[204] Benoît XVI relève le fait que l'être humain tel qu'il se présente aujourd'hui, s'accapare de bien de droits mais ne veut en aucun cas être tributaire de quelques devoirs. Une société 'solidaire' se construit avec des membres qui ont des droits et des devoirs. Autrement, ce serait une société à sens unique, où tout le monde se fixe des idéaux et des objectifs sans prendre les moyens pour atteindre ces mêmes objectifs. La solidarité implique des devoirs et confère des droits. L'usage moral de ces devoirs est considéré comme une image parfaite de la solidarité. La moralité finale de ces devoirs est de garantir le standard de la dignité humaine totalement enracinée dans l'ordre de la création.

Nous ne pouvons plus continuer de vivre comme si l'autre n'existe pas.[205] La création est un tout dans lequel coexistent toutes sortes de créatures. Cette cohabitation est source de vie comme elle peut se transformer en source de la mort. Il faut absolument arriver à harmoniser cette cohabitation pour éviter des rivalités qui vont continuer à entretenir le changement climatique. Pour le pontife romain, un recours à la solidarité mondiale est capital et important dans la lutte contre le changement climatique car les devoirs des uns et des autres délimitent les frontières morales, éthiques et physiques au-delà desquelles l'on ne peut aller. « Les devoirs délimitent les droits parce qu'ils renvoient au cadre anthropologique et éthique dans la vérité duquel ces derniers s'insèrent et ainsi ne deviennent pas arbitraires. »[206] Il s'agit de faire usage d'une 'solidarité fraternelle' au sens propre du mot. De la même manière que le

---

[202] Benoît XVI, "Si tu veux construire la paix, protège la création," in *L'Osservatore Romano*, janvier 2010, n° 10.

[203] Paul VI, *Populorum Progressio* (Citta del Vaticana: Libreria Editrice Vaticana, 1967), n° 10.

[204] BenoîtXVI, *Caritas in Veritate*, n° 43.

[205] Voir McFague, *A New Climate for Theology*, 57. "We cannot live without these 'others.' They are not just the resources for our desires; they are the sources of our existence."

[206] Benoît XVI, *Caritas in Veritate*, n° 43.

créateur a créé des êtres faibles et d'autres plus puissants, de cette même manière il y aura des nations plus riches que d'autres.

2.5.4 Solidarité dans le style et l'approche de Jean-Paul II et Benoît XVI

Le concept de solidarité tient à cœur Jean-Paul II et Benoît XVI dans la résolution de la crise écologique. Dans le Compendium de la doctrine sociale de l'Eglise, toute la section n°6 du chapitre 4 est consacrée au principe de solidarité comme pour montrer que sans solidarité la planète ne trouvera pas les ressources humaines, psychologiques, physiques et morales pour faire face au changement climatique.[207] La question de l'écologie est devenue et doit être la préoccupation de tous les êtres vivants; c'est une crise qui menace tous les acquis de l'humanité des origines à nos jours. Jean-Paul II rappelle qu'il y a un « urgent besoin moral pour une nouvelle solidarité. »[208]

Le thème de la solidarité est au cœur de ce que l'Eglise recommande en matière de changement climatique. Un monde divisé ne tiendra plus longtemps devant les conséquences fratricides du changement climatique. Il faut absolument se regrouper, afin de créer et définir ensemble des pistes de sortie de crise. La stabilité de l'environnement climatique mondial exige que soit mise sur pied une chaîne de solidarité entre nations, états et pays, qui servira à revoir les modalités de consommation en termes d'énergies et de matières premières. Cette étape est capitale dans la recherche des solutions contre les effets négatifs du changement climatique.

La solidarité à laquelle Jean-Paul II fait référence est celle qui recommande aux pays riches de ne pas laisser seuls les pays pauvres dans la lutte contre le changement climatique.

> Mais les pays riches doivent aussi aider les pays pauvres pour des raisons de solidarité. C'est en fait une exigence morale. Il est juste moralement que ceux qui ont, aident ceux qui n'ont pas pour qu'ils atteignent un niveau décent de qualité de vie, comprenant les conditions de l'environnement. De plus, les pays qui aujourd'hui sont très développés ne se sont pas sentis obligés de diminuer d'une façon significative les émanations polluantes au long des étapes importantes de leur développement. Cela paraît injuste qu'on attende des pays en voie de développement qu'ils s'imposent des exigences sévères que l'Occident industrialisé ne s'est jamais imposées.[209]

Sans la solidarité, le droit à la vie est sérieusement remis en cause car les pays pauvres ne sont pas à l'origine des conséquences du changement climatique. Ils les subissent. Les pays riches ont le devoir moral de venir en aide aux pays pauvres; « ...une crise dont les victimes de choix seraient encore les plus faibles, les plus pauvres, les misérables. »[210] A ce niveau, Jean-Paul II parle d'une éthique de la solidarité que les pays riches n'ont pas le droit de

---

[207] Conseil Pontifical Justice et Paix, *Compendium de la Doctrine Sociale de l'Eglise*, n° 192-196.
[208] Jean-Paul II, "La paix avec Dieu créateur, la paix avec toute la création," n° 39.
[209] Gabriele Scimemi, "Aspects éthiques: Ethiques et Politiques environnementales," in René Coste & Jean-Pierre Ribaut (sous la direction de), *Sauvegarde et Gérance de la Création*, 230.
[210] Willt Straub "Aspects socio-économiques," in Coste & Ribaut (sous la direction de), *Sauvegarde et Gérance de la Création*, 105.

remettre en cause. Si on part du présupposé selon lequel la terre est un bien commun, un bien collectif mis à la disposition de toutes les créatures terrestres, il va de soi que ces créatures desservent de bénéficier au même titre des biens de cette terre. C'est cette éthique de la solidarité qui va épargner au monde des bouleversements pires que ceux liés au changement climatique. La paix est à ce prix.[211]

2.5.4.1 Principe de solidarité et collaboration effective

Le principe de solidarité peut éventuellement aider à réparer ce déséquilibre et permettre à toutes les couches sociales et à toutes les nations de pleinement participer à l'œuvre de co-création que Cruchley-Jones appelle aussi *creatio continua.*[212]

Une coopération plus élargie entre états et gouvernements est précieuse pour faire face aux effets du changement climatique. Il faut qu'il puisse exister une relation plus saine entre pays pour enrayer cette crise écologique. Il considère qu' « il y a un pressant besoin moral d'une solidarité plus dynamique, entre les nations en développement et les pays grandement industrialisés. »[213] Le concept de solidarité est le socle de toute coopération et relations bilatérales entretenues entre divers états.

Il faut tout de même souligner que l'éthique chrétienne requiert pareille démarche en vue d'arriver à étouffer l'expansion du développement du changement climatique sur cette planète. La création a été conçue belle et joyeuse car elle est le reflet du Créateur. Il vit lui-même que ce qu'il avait créé était bon et par conséquent il avait décidé de confier cette merveille à l'espèce humaine pour sa gouvernance. Cette gouvernance est tributaire du concept de solidarité sans lequel certaines de nos actions sont plus orientées vers la mort que la vie. « La violation de toute forme de solidarité et de toute forme d'amitié civique détruit l'environnement tout comme la détérioration environnementale affecte les relations dans la société. »[214]

2.5.4.2 Solidarité dans la perspective du Conseil des Eglises

La Conférence des Eglises Européennes (KEK) et le Conseil des Conférences Episcopales Européennes (CCEE) ont consacré toute une section aux aspects liés à la justice lors de leur Rassemblement de Bâle de 1989. Cette auguste assemblée réclame que les pauvres et les riches soient mis au même pied d'égalité en régulant de manière cohérente et raisonnable « la réglementation des relations commerciales et internationales. »[215] Cette

---

[211] Voir Jean-Paul II, "Un Engagement toujours actuel: Eduquer à la Paix," *L'Osservatore Romano*, janvier 2004, n°12.

[212] Peter Cruchley-Jones, "'Converted and always converting': Transformational spirituality as metanoia," *International Review Mission*, 194. Il se situe dans la perspective selon laquelle une metanoia environnementale est nécessaire si nous espérons faire braver le changement climatique et sa litanie de catastrophes naturelles et artificielles.

[213] Benoît XVI, *Caritas in Veritate*, n° 54.

[214] Benoît XVI, *Caritas in Veritate*, n° 51.

[215] Conférence des Eglises Européennes & Conseil des Conférences Episcopales Européennes, *Paix et Justice pour la Création Entière. Document du Rassemblement Œcuménique Européen "Paix et Justice" 15-21 mai 1989 à Bâle* (Paris: Cerf, 1989), 82.

réglementation passe d'abord et avant tout par 'la remise de la dette'[216] des pays pauvres, des pays du Tiers-Monde, dont les matières premières et les ressources naturelles, sauvagement pillées par les riches, sont à l'origine de cette crise.

Or ces mêmes pays pauvres ne sont ni à l'origine ni à la base des causes premières du réchauffement global. Le Conseil a également réaffirmé que la solution de la crise environnementale passe par « l'application intégrale des accords internationaux, sociaux et culturels et des instruments prévus pour leur mise en œuvre. »[217]

Claudette Lafaye a suggéré que cette justice ne soit pas seulement réservée aux personnes, mais qu'il doit en être de même pour les personnes qui n'existent pas encore, notamment pour les générations futures. Elle parle de la 'dignité d'êtres non humains' dont les multiples chances d'existence et de bonne existence doivent être protégées.[218]

Après Bâle, le KEK et la CCEE ont poursuivi l'approfondissement du débat sur la crise environnementale. Plusieurs rencontres[219] ont eu lieu et la question de la dignité humaine continue de se poser avec acuité dans la résolution de la crise écologique. La dernière rencontre en date, du 17 au 20 février 2011 à Belgrade en Serbie, réitère que soit prise en compte la place morale et humaine de l'homme dans la sphère de la création. Une relation ontologique fondamentale a été développée entre les aspirations profondes de l'homme et l'environnement dans lequel il s'épanouit. La dignité de l'homme est une question qui prend en compte de nombreux contours dont celui de l'environnement.[220] D'un point de vue purement existentiel, la dignité de l'homme repose aussi sur le fait que l'homme a le droit sinon la possibilité de donner un sens à son existence. Ce 'donner un sens' passe par une vie qui se déploie et se réalise dans un environnement sain, propice à la réalisation de ses idéaux moraux, anthropologiques et existentiels. Le KEK et la CCEE réaffirment la nécessité d'un environnement qui doit s'étaler sur une parfaite harmonie entre solidarité et dignité humaine.

---

[216] Conférence des Eglises Européennes & Conseil des Conférences Episcopales Européennes, *Paix et Justice pour la Création Entière. Document du Rassemblement Œcuménique Européen "Paix et Justice,"* 83.

[217] Conférence des Eglises Européennes et Conseil des Conférences Episcopales Européennes, *Paix et Justice pour la Création Entière. Document du Rassemblement Œcuménique Européen "Paix et Justice,"* 83.

[218] Claudette Lafaye, "Une justification écologique? Conflits dans l'aménagement de la nature," *Revue française de sociologie* 34 (1993): 495-524.Voir aussi à ce propos Guillaume Sainteny, "La rétribution du militantisme écologiste," *Revue française de sociologie* 36 (1995):473-498. Carlos Amador-Bella, "Book Review: World Ethics and Climate Change: From International to Global Justice," *Ecological Economics* 70 (2010):134-135. Ashley Dawson, "Climate Justice: The Emerging Movement against Green Capitalism," *The South Atlantic Quarterly* 109 (2010): 313-338. Voir aussi Voir Johan De Tavernier, "Which responsibilities for future generations?," in Johan De Tavernier et al., *Responsibility, God and society: Theological Ethics in Dialogue: Festschrift Roger Burggraeve,* 214-215.

[219] Après Bâle en 1989, le KEK et la CCEE ont tenu d'autres rassemblements à Graz en Autriche en 1997 "Réconciliation. Don de Dieu, source de vie nouvelle" et aussi à Sibiu en Roumanie en 2007 avec comme sujet principal: "La lumière du Christ brille sur tous. Espoir de renouveau et d'unité en Europe". Une autre rencontre s'est déroulée à Esztergom en Hongrie, du 19 au 22 février 2009. Le point d'acchoppement de toutes ces rencontres est d'arriver à une plus grande collaboration et à une solidarité plus élargie dans le cadre de la crise environnementale. La réunion de Lyon en France (15-21 juillet 2009) a eu pour thème central: "Appelés à une seule et même espérance dans le Christ."

[220] Voir "Lettre commune de la KEK et du CCEE aux Églises d'Europe - Les Églises face au changement climatique," *La Documentation Catholique* n°2437 du 3 janvier 2010, 25-27.

2.6 LAUDATO SI': UNE ÉTHIQUE DE L'ÉVANGILE DE LA VIE

L'encyclique papale *Laudato Si'* a apporté une contribution considérable dans l'histoire de l'enseignement social de l'Eglise. Ce n'est pas tant le fait qu'elle soit essentiellement tournée vers un domaine sensible de l'histoire de notre temps, à savoir l'écologie et l'environnement, mais aussi et surtout par l'ouverture qu'elle inspire vers une éthique de l'écologie intégrale et vers une profonde écologie de la conversion. « Cette encyclique est un événement parce que la question de l'avenir de la vie sur notre terre n'avait encore jamais fait l'objet d'un document majeur dans l'Église catholique.»[221]

Le pape François amorce une éthique de l'évangile de la vie qui se détache des approches technocratiques et anthropocentriques qui ont prévalu ces derniers siècles pour faire place à un évangile de la vie qui prend en compte la raison de vivre de toutes les espèces humaines et qui fait une place de choix à la nature et à la création. La création, la terre-mère, notre maison commune, focalise l'attention de François et constitue le point d'un évangile de la vie qui fait une grande place aux plus pauvres, aux oubliés et aux moins considérés. La ligne directrice de François dans cette encyclique reste tout de même la terre, notre maison commune. Elle reste un immense don de Dieu, qu'il nous faut entretenir et gérer à la manière de Dieu pour qu'elle continue à demeurer l'endroit le piédestal à partir duquel s'épanouit toute forme de vie.

François promeut cet évangile de la vie qui insiste sur la fonction de gérant et de propriétaire véreux de l'homme à l'égard de cette même création. Deux points fondamentaux sont à souligner. Le premier est que l'évangile de la vie se veut une éthique qui rétablit un équilibre entre la création et le regard que l'homme lui porte. C'est un regard qui prend appui sur les deux récits de la création développés dans le livre de la Genèse et repris par François dans son encyclique (67-69). Le deuxième point se veut une analyse éthique de la communion de Dieu avec sa création et ses créatures.

2.6.1 La création de Dieu et l'homme

La création est l'œuvre de Dieu, et elle a été produite bonne par Dieu qui l'a accordée en gestion à l'homme et à toutes les autres créatures. Cette création est jugée bonne parce qu'elle recèle en elle de manière inhérente une cohésion naturelle que le créateur a placée en elle. La bonté de Dieu se répercute en ce qu'il crée et il en fait des éléments de sa propre création. De par le fait que Dieu est bon, la beauté ne pouvait pas échapper à la création ; il s'agit de la beauté du monde tout entier *(uniuersi saeculi pulchritudo)*.[222] Au cœur de la création se trouvent le beau et le bon qui font partie intégrante de la personne même de Dieu.

Le devoir de l'homme n'est-il pas de reconnaître et accepter cette beauté mise par le créateur dans sa création ?

---

221 Stenger & Billet, « *Laudato Si'* : événement ecclésial et mondial, » 11.

222 Saint Augustin, *La Cité de Dieu*, XI, XVIII. [Saint Augustin, *La Cité de Dieu*, XIV, 5. Nous utiliserons le texte de la 4ème édition de B. Dombart et A. Kalb : Saint Augustin, *La Cité de Dieu, Livres I-V. Impuissance sociale du paganisme.* Texte de la 4ème édition de B. Dombart et A. Kalb. Introduction et Notes par G. Bardy. Traduction française de G. Combès (Paris : Desclée de Brouwer, 1959).]

> Le propre du chrétien est de comprendre l'écologie dans la foi. Celle-ci éclaire la manière dont nous avons à nous sentir comme tout homme responsable de notre environnement. Elle détermine déjà le vocabulaire que nous utilisons. Comme chrétiens, nous ne parlerons pas seulement de la nature, mais de la création, car ce qui nous est confié, ce n'est pas seulement la nature qui nous entoure, mais tout le projet créateur de Dieu dont fait partie l'homme.[223]

Le chapitre 2 de Laudato Si' fait une large place à la théologie de la création. Cette théologie de la création reconnaît une création bâtie sur un critère harmonieux dont Dieu lui-même a le secret. Une création que le créateur a estimée bonne et qu'il a placée sous la domination et la gérance de l'homme selon les termes propres aux premier et deuxième récits de la création. A la base de la création, existe donc déjà cette répartition des rôles que le créateur lui-même distribue aux différentes espèces.

La théologie de la création s'est voulue insistante sur le rôle spécifique accordé à l'homme sans pourtant faire de lui *l'homo dominium* qui écrase et contrôle le cours de la création.

A la polémique soulevée par White et évoquée plus haut, François répond avec cette affirmation: « Nous ne sommes pas Dieu. La terre nous précède et nous a été donnée. »[224] François rejette cette conception attribuée au christianisme même s'il reconnaît que « parfois, nous les chrétiens, avons mal interprété les écritures. »[225] Il rejette un anthropocentrisme outrancier, 'un paradigme technocratique' « qui a cours, caractérisé par un délire de puissance, reposant sur une vision mythique de la croissance totalement hors de toute référence à la raison et à la responsabilité, qui ignore donc les conséquences négatives de ce mythe sur la nature et les populations en difficulté. »[226]

Cette lecture caricaturale des écritures a fait régner pendant quelques années un évangile de la mort duquel découle la dégradation de l'environnement et de la création. Il est temps de mettre un terme à cette interprétation abusive de domination pour replacer et accorder à chaque verbe dans le contexte qui est le sien. François se base sur une herméneutique adéquate de laquelle il découle que « cultiver signifie 'labourer, défricher ou travailler,' garder signifie 'protéger, sauvegarder, préserver, soigner, surveiller'. »[227]

C'est dans cette perspective que François développe une responsabilité morale de l'homme à l'égard de la création qui lui est confiée. Il revient à chaque communauté de prendre de la terre-mère les éléments dont elle a besoin pour sa survie tout en garantissant à la terre la protection et la sauvegarde nécessaires pour qu'elle puisse continuer à assumer son rôle nourricier, régulateur et générateur de vie pour le commun des mortels. « Pour cette raison, Dieu dénie toute prétention de propriété absolue.»[228] Cette affirmation fait resurgir l'épineuse question du droit à la propriété privée car la crise écologique n'est pas simplement une crise environnementale, mais elle est aussi une crise écologique de la relation.Tout en

---

[223] Stenger & Billet, « *Laudato Si'* : événement ecclésial et mondial, » 16.
[224] François, *Laudato Si'*, n°69.
[225] François, *Laudato Si'*, n°69.
[226] Stenger & Billet, « *Laudato Si'* : événement ecclésial et mondial, » 12.
[227] François, *Laudato Si'*, n°69.
[228] François, *Laudato Si'*, n°69.

tentant de désamorcer cette crise, François admet et reconnaît les manquements dont a pu faire preuve le christianisme : « Si une mauvaise compréhension de nos propres principes nous a parfois conduits à justifier le mauvais traitement de la nature, la domination despotique de l'être humain sur la création, ou les guerres, l'injustice et la violence, nous, les croyants, nous pouvons reconnaître que nous avons alors été infidèles au trésor de sagesse que nous devions garder. »[229]

Pour désamorcer cette crise écologique de la relation, il est nécessaire que soit reconnu à chaque espèce, à chaque objet, à chaque élément de la création, la valeur intrinsèque qui est la sienne.

2.6.2 La relation de l'homme avec la création

Ces deux récits suscitent également des questionnements théologiques différents. Le questionnement du premier récit se situe au niveau de la compréhension de la relation avec la création mais aussi la compréhension du sens du sabbat pendant et après que le peuple eut connu l'exil. Le questionnement du deuxième récit se situe au niveau de la place de l'homme au cœur de cette création et du regard que *l'adam* est amené à porter sur cette même création. La désobéissance et la destruction de l'humanité constituent également un aspect de ce récit.

Ces deux récits de la création de la Genèse soulignent avec beaucoup de profondeur la réalité de l'existence humaine soutenue par la disparité de relations que l'être humain entretient avec Dieu, avec lui-même et aussi et surtout avec la terre. Cette diversité relationnelle n'a pas connu une entente harmonieuse et a débouché sur une rupture de confiance car l'humain a tenté de s'approprier la place de Dieu. Cette rupture, comme le dit le Pape François, « a dénaturé aussi la mission de 'soumettre la terre (cf. Gn 1, 28), de la 'cultiver et de la garder'.»[230] Wénin évoque la particularité complexe de cette relation qui entoure la réalité divine et les autres réalités créées. « Le début de la Genèse dit en raccourci ce qu'il en est du monde, de l'être humain et de Dieu [...] Il raconte la complexité de la vie et des relations dont chacun et chacune, à chaque époque, se découvre partie prenante. »[231] A partir de ce moment, il nous est loisible de voir que nous sommes devant un monde désacralisé au cœur duquel Dieu a placé une créature. En plaçant l'être humain au centre de la création, Dieu n'a-t-il pas profané le monde? En lui conférant les pouvoirs de dominer et d'assujettir le monde, l'homme s'est permis de prendre des dispositions pour assurer ce rôle de dominateur avec toutes ses capacités. D'où les reproches faits au christianisme et qui ont créé des possibilités d'accentuer l'emprise de la technique et de la science sur le monde.[232] La religion chrétienne a longtemps considéré l'homme comme un être au-dessus de toute la création dont le rôle premier était de soumettre et de dominer la création. Cette domination a très vite viré à l'excès, entraînant une emprise totale et sans partage de l'homme sur la nature.

---

[229] François, *Laudato Si'*, n°210.
[230] François, *Laudato Si'*, n°66.
[231] André Wénin, *L'homme biblique. Lectures dans le premier Testament* (Paris: Cerf, 2009), 20.
[232] Voir Lynn White, « The Historical Roots of Our Ecologic Crisis," *Science* (1967): 1203-1207.

L'homme, considéré comme sommet de la création, en est arrivé à dénaturer la nature et à la dégrader.

> Il est vraisemblable que le christianisme, en abandonnant nombre d'interdictions rituelles de la religion juive, ait contribué au désenchantement de la nature et donc à l'expansion des ambitions humaines de contrôle sur les animaux et sur le milieu ambiant. Le Nouveau Testament (Actes des apôtres, 10, 9-16) lève, par exemple, les tabous sur la consommation animale. Sur ce point, on peut se demander si la vision novatrice de la religion chrétienne a pu favoriser le processus de désenchantement et, à l'âge moderne, une exploitation intensive des ressources naturelles.[233]

Cette affirmation confirme à quel point le christianisme a conduit l'homme à une auto-indépendance et une auto-gestion dont les excès ont conduit à une dégradation de la terre.[234]

Ces deux textes se situent dans une ligne de complémentarité. Bien au-delà de la relation de Dieu et de sa création, ces deux textes bibliques visent à souligner la désacralisation du monde. Cette insistance de la désacralisation du monde est une réponse aux nombreuses cosmogonies surtout orientales qui ont longtemps sacralisé le cosmos au détriment de l'humain considéré comme esclave. Les deux récits bibliques de la création vont à l'encontre de cette vision de la création. Ils mettent en exergue un Dieu qui crée à partir de sa parole et en total contrôle de sa création. Il s'agit d'un Dieu créateur et libérateur. Ce Dieu crée à partir de rien et est maître de sa création.[235] Ces deux récits confèrent une place de choix à l'humain dans la création et n'admettent pas que celui-ci soit sous l'emprise de la nature. Bien au contraire, comme image et ressemblance de Dieu, l'humain jouit d'une intelligence qui lui permet de gérer cette même nature.

> Le récit biblique de création et les célébrations que la Bible fait du Dieu créateur établissent et maintiennent toujours le lien d'une part, une création jugée belle, bonne et organisée, et une humanité pour laquelle elle est finalement faite. [...] Plus précisément, la Bible établit un double lien entre la création divine et l'humanité : celui de son établissement pour que l'homme vive, et celui de son inauguration d'une histoire dans laquelle l'homme est responsable.[236]

Au-delà de la relation de Dieu avec le monde que ces deux récits évoquent, il y a également toute une démarche que le peuple d'Israël entreprend pour tenter de découvrir la

---

[233] Isacco Turina, « L'église catholique et la cause de l'environnement, » *L'imaginaire écologique* 60 (2013): 20. Voir aussi Marie-Angèle Hermitte, « La nature, sujet de droit?,» *Annales. Histoire, Sciences sociales* 66, n°1(2011): 173-212.

[234] Des auteurs comme Hélène et Jean Bastaire ont toujours considéré que le christianisme n'a pas particulièrement soutenu la domination de l'homme à l'égard de la création même s'il a occupé une place de choix dans la création. Ils estiment plutôt que la déchristianisation qui a envahit la grande majorité des sociétés occidentales ces dernières décennies a également contribué à dégrader l'environnement. Nous ne nous appesantirons pas sur cette thèse car elle pourrait faire l'objet d'une vaste dissertation. Voir Hélène Bastaire & Jean Bastaire *Pour une écologie chrétienne* (Paris : Cerf, 2004).

[235] Voir A. Dumas, « Crise écologique et doctrine de la création, » *Recherches de Science Religieuse* 62, n°4(1974): 573.

[236] Pierre Gibert, « Principe d'écologie et idée de création,» *Lumière et Vie* 214 (1993) : 82.

nature réelle de ce Dieu qui crée, qui sauve et qui chemine avec son peuple. Il fait admettre qu'il existe, dès le commencement, un amour privilégié de Dieu à l'égard de sa création ; cet amour qui est manifesté à tout le peuple d'Israël.

C'est Dieu lui-même qui appelle l'humain à une vocation de gérance et d'intendance sur tout ce qu'Il a lui-même créé. C'est d'ailleurs dans ce prolongement que l'humain est créé à l'image de Dieu. Guiraud estime et conçoit que l'homme créé à l'image et à la ressemblance de Dieu, reçoit une part des pouvoirs qui revient à Dieu. Certains pouvoirs lui sont donc délégués « afin qu'il [l'homme] puisse gérer à son idée l'environnement qui lui est accordé. »[237] Il a le pouvoir de dominer la création avec tout ce qu'elle contient, c'est-à-dire tout ce que le Créateur y a mis de beau. Dieu reste seul maître de la création et s'adjuge un majordome humain dont le rôle principal sera d'avoir une mainmise sur le créé. Dieu lui-même domine et règne sur sa création. C'est un règne non-violent qui est soutenu par la douceur de sa Parole.

La question qui surgit de cette réflexion est la suivante : « de quel œil regardons-nous la nature ? Est-elle la servante un peu simplette que nous pouvons soumettre à tous nos désirs ? Sa plasticité nous permet de le penser. Peut-on faire n'importe quoi en raison même de son caractère soumis et de son absence d'état d'âme?»[238] A cette question, certains répondent que le christianisme aurait réagi favorablement à cet état d'esprit. Il aurait profité d'une mauvaise interprétation des versets 26 et 27 du premier chapitre de la Genèse pour malmener une création qui ne demande qu'à vivre. Il faut reconnaître et admettre ici qu'une certaine lecture de ces récits de la création n'a pas toujours favorisé une relation de respect de l'homme à l'égard de la nature. Et pourtant, ces versets 26 et 27 laissent croire qu'être créé à l'image de Dieu est signe de confiance de Dieu à l'égard de l'homme quand bien même c'est Dieu lui-même qui choisit délibérément d'accorder cette confiance à l'homme. Cette confiance ne retire pas à l'homme sa nature d'être créé et surtout ne fait pas de lui un être sans limite de la même manière que la création elle-même est entourée de facteurs qui lui placent des limites dans l'espace et le temps. Dieu fait confiance à l'homme. A partir de cette interprétation, c'est le terme d'intendant qui domine dans le cadre de la responsabilité éthique de l'homme à l'égard de la création et de l'environnement. « Dès lors, il ne s'agit plus de dominer la création, l'humanité devrait être intendante et servante, à la fois de Dieu et de la création elle-même. »[239]

Dans le deuxième récit de la création, la perspective n'est plus la même. Nous nous trouvons ici dans un désert (humus-'adamâ) à partir duquel l'homme ('adam) est créé et c'est autour de cet humain que va s'articuler le reste de la création ; tout au moins c'est vers lui que tout converge car tout est créé pour lui. Il va travailler et garder cet 'adamä. Du coup il est au centre de la création. Ce deuxième récit montre le lien très fort qui existe entre la terre et l'humain; cette terre que l'humain doit travailler, gérer et garder. Outre la terre, c'est aussi la garde des animaux qui lui est confiée. Il va domestiquer ces animaux et leur donner des noms. En faisant ainsi, il 'humanise' le monde animal et crée encore des liens plus forts avec la nature. Cette harmonie va perdre tout son éclat lorsque vont être brisées et rompues les

---

[237] Claude Guiraud, *Les chemins du Sabbat* (Paris : L'Harmattan, 2002), 195.
[238] Guiraud, *Les chemins du Sabbat*, 95.
[239] Wénin, *L'homme biblique*, 38.

relations qui liaient Dieu à ses créatures et surtout avec l'humain. C'est l'explosion de la violence à l'égard de la nature et du monde animal. Une violence qui émerge à cause de la « convoitise, de l'avidité, de la cupidité, de l'accaparement et de la monopolisation.»[240] Alors que dans le premier récit tout semblait être bon et correspondre à l'attente du créateur, le deuxième récit va être confronté à l'apparition du mal et de la violence; cette violence qui est « une donnée de l'existence humaine. Elle est la force du désir, ce dynamisme qui pousse l'être humain en avant vers la réalisation de soi.»[241] C'est ce que Guiraud appelle « le passage d'une perspective cosmogonique à une approche existentielle où le descriptif a laissé la place à l'explicatif. »[242] Le deuxième récit évoque les interdits et la chute fatale qui fait suite à la désobéissance. « La faute de l'homme (Gn 2-3) a introduit une faille dans le système, qui a biaisé les relations de l'homme avec son créateur, et avec la création. »[243] Pourquoi l'homme doit-il obéir à Dieu si celui-ci lui a confié certains de ses pouvoirs ? Si Dieu fait don de sa création à l'homme, pourquoi doit-il encore mettre certains interdits? La crise écologique est-elle le résultat du refus de suivre les voies que Dieu a tracées ? La dégradation environnementale est-elle redevable de la liberté que l'homme a prise sans tenir compte des obligations et des limites qui l'entourent? Ce sont autant de questions qui accompagnent le comportement et la décision de l'homme de se départir des règles qui lui sont imposées.

Même ayant pour mission et vocation de cultiver et de garder le jardin, il reste soumis à certains interdits qu'il doit obligatoirement respecter (vv15-17). Ce récit yahviste pose donc la question de la disharmonie entre les 3 éléments fondamentaux de la création à savoir, Dieu, l'homme et la femme, et la création. C'est la chute qui occasionne cette disharmonie et qui en est la cause fondamentale. Nous pouvons considérer que la vision de Dieu sur sa création est bonne, mais celle-ci se trouve confrontée au désir insatiable de l'humain de posséder. N'en demeure pas moins que François reste confiant quant aux perspectives nouvelles du christianisme pour ce qui est de l'écologie : « Le christianisme lui-même, en se maintenant fidèle à son identité et au trésor de vérité qu'il a reçu de Jésus-Christ, se repense toujours et se réexprime dans le dialogue avec les nouvelles situations historiques, laissant apparaître ainsi son éternelle nouveauté. »[244]

François en appelle donc à une véritable conversion écologique qui doit toucher le coeur même de l'homme pour qu'il 'purifie' le regard qu'il porte sur la nature et ses ressources. La création lui est confiée pour qu'il prenne en soin et non pas pour qu'il la conduise vers la destruction. Le rapport en jeu entre l'humain et l'environnement naturel, selon François, est celui d'une considération non pas utilitaire mais d'une nécessité de vie. L'homme a besoin de la nature pour s'éclore et s'épanouir. Mais pour arriver à son épanouissement il n'est pas obligatoire d'exploiter la nature au point de dépasser l'empreinte

---

[240] Wénin, *L'homme biblique*, 41. Guiraud y va de son idée : « Qu'est-ce que tout cela signifie? Que nous ne saurions vivre de façon totalement autonome : si nous éliminons de notre horizon le Dieu qui vient à nous par sa Parole, nous retournons) inévitablement à la poussière d'où nous avons été tirés et le souffle qui nous anime retourne à Dieu qui prononcera le jugement dernier sur ce que nous avons été ou avons refusé d'être. » *Les chemins du Sabbat*, 263.

[241] Wénin, *L'homme biblique*, 45.

[242] Guiraud, *Les chemins du Sabbat*, 243.

[243] Collectif Paroles de chrétiens sur l'écologie, *Pour un engagement écologique : Simplicté et Justice* (Nantes: Parole et Silence, 2014), 62.

[244] François, *Laudato Si'*, n°121.

écologique recommandée. François est bien conscient que l'humain et la nature forment un tout et que tout ceci a besoin d'être coordonné pour une meilleure harmonie environnementale.

Cette conversion écologique est le fruit de la prise en compte d'une écologie intégrale qui, « prend en compte la complexité du vivant et et celle de nos sociétés. »[245] Il est question de développer des attitudes qui permettent de metre en relation les différents systèmes qui entourent l'humain : le naturel, le social, l'économique et tout le reste. François souligne ce changement d'attitude et d'orientation de manière ferme:

> Beaucoup de choses doivent être réorientées, mais avant tout l'humanité a besoin de changer. La conscience d'une origine commune, d'une appartenance mutuelle et d'un avenir partagé par tous, est nécessaire. Cette conscience fondamentale permettrait le développement de nouvelles convictions, attitudes et formes de vie. Ainsi un grand défi culturel, spirituel et éducatif, qui supposera de longs processus de régénération, est mis en évidence.[246]

François se fait le promotteur d'une écologie intégrale qui confère à l'être humain la place qui est la sienne dans la création. « Nous pourrons ainsi proposer une écologie qui, dans ses différentes dimensions, incorpore la place spécifique de l'être humain dans ce monde et ses relations avec la réalité qui l'entoure. »[247] .

En prendre soin et veiller sur elle de tout son coeur et de toute son âme. Avec le but précis de conserver la splendeur de cette même création. L'homme a tendance à se démarquer de la création, la faisant passer pour une créature qui lui est totalement externe. Il oublie qu'il fait partie intégrante de cette création dans laquelle il éclôt. Il est membre de cette création au même titre que les autres créatures. C'est la raison pour laquelle la solution à la crise écologique devra être intégrale.

> Il est fondamental de chercher des solutions intégrales qui prennent en compte les interactions des systèmes naturels entre eux et avec les systèmes sociaux. Il n'y a pas deux crises séparées, l'une environnementale et l'autre sociale, mais une seule et complexe crise socio-environnementale. Les possibilités de solution requièrent une approche intégrale pour combattre la pauvreté, pour rendre la dignité aux exclus et simultanément pour préserver la nature.[248]

Toutes les dimensions, humaine, sociale, économique, politique, culturelle, doivent être prises en compte dans la résolution de cette crise.

---

[245] Stenger & Billet, « *Laudato Si'* : événement ecclésial et mondial, » 17.
[246] François, *Laudato Si'*, n°202.
[247] François, *Laudato Si'*, n°15.
[248] François, *Laudato Si'*, n°139. Voir aussi le n°48.

2.6.3 Théologie de la justice climatique: Responsabilité et sauvegarde de la création

2.6.3.1 Les fondements théologiques de la responsabilité de l'homme face à l'environnement

Cette section est liée à la tranche consacrée à la responsabilité de l'homme dans le drame climatique qui caractérise le monde aujourd'hui, sauf qu'ici un accent plus particulier sera mis sur l'aspect de la sauvegarde de la création.

Dans la Constitution Conciliaire Gaudium et Spes,[249] il y a une insistance sur le fait que les biens de la terre doivent être utilisés pour le bien de tous les hommes et de tous les peuples. « Dieu a destiné la terre et tout ce qu'elle contient à l'usage de tous les hommes et de tous les peuples, en sorte que les biens de la création doivent équitablement affluer entre les mains de tous, selon la règle de la justice, inséparable de la charité. »[250] Cette insistance sur les biens destinés à l'usage des hommes et des peuples peut être élargie à toutes les espèces qui font partie de la création de manière à ce que l'harmonie dont la création a tant besoin soit consolidée.

L'amour du créateur ne peut se départir de l'amour de ses créatures. Respecter le créateur et l'aimer revient à dire : accorder une considération certaine à ses créatures.

> Comment aimer Dieu, sans aimer les beautés de la création ? Mais défendre la création, c'est aussi 'vivre en amitié avec tous les êtres vivants' (*Gaudium et Spes*). La personne humaine est la plus grande richesse de la terre. La vie humaine doit donc être respectée en premier, mais bien évidemment, sans que cela soit au détriment du reste de la création. Or, avec les découvertes modernes et les changements dans notre société, la vie de l'homme est souvent mise en question : pensons aux débats sur le début de la vie et la fin de la vie.[251]

C'est à cette harmonie nature que le coeur de l'homme est destiné. S'en détourner c'est créer une révolte dont sont victimes toutes les créatures du créateur.

2.6.3.2 Les biens de la communauté mondiale

Les biens mis à la disposition de la communauté mondiale doivent être soignés, protégés, et défendus par cette même communauté. Pour commencer, la terre qui constitue le piédestal de toute vie animale, végétative et humaine doit être regardée de manière particulière car sans elle, il n'y aurait aucune vie sur cette planète.[252] Cela va sans dire que de la santé de cette terre dépendra celle de ses occupants. Il n'est pas possible de dégrader son environnement lorsque l'on sait que son rayonnement physique, moral et scientifique en

---

[249] Voir "*Textes Conciliaires Vatican II*, " in Giuseppe Alberigo, *Histoire du concile Vatican II, 1959–1965* (Paris: Cerf, 1997), n° 69.
[250] Vatican II, Constitution Pastorale sur "l'Eglise dans le monde de ce temps," in Alberigo, *Histoire du Concile Vatican II, 1959–1965*, n° 69.
[251] Stenger & Billet, « *Laudato Si'* : événement ecclésial et mondial, » 22.
[252] Voir Jean-Paul II, "The Ecological Crisis: A Common Responsibility," in Christiansen and Grazer, "*And God Saw That It Was Good*", 215-222.

dépend. Si la terre est considérée comme un bien public global,[253] il y va de l'intérêt des êtres humains en coopération avec les autres espèces vivantes d'y prendre soin de manière spécifique. Tout comme Jean-Paul II, François Constantin appelle même cela un 'bien collectif'[254] insistant sur le fait que son usage par un groupe n'exclut pas que le même bien soit utilisé par un autre groupe. La sauvegarde[255] de la nature et de la planète passe par une prise en considération du bien commun et du bien public global. La valeur accordée à ces biens doit pousser les êtres humains à se remettre en question devant la crise environnementale.

2.6.3.4 La sauvegarde de la création

La question de la sauvegarde de la création a été longuement évoquée au rassemblement de Bâle en 1989. La sauvegarde de la création requiert le respect de la terre et de l'environnement. Le Catéchisme de l'Eglise Catholique recommande une attention particulière à l'égard de tout ce qui entoure l'écosphère et en constitue son équilibre. Il n'y a pas que l'homme qui compte dans cette quête pour la sauvegarde de la terre et de la vie, mais toutes les espèces doivent être prises en compte: « La domination accordée par le Créateur à l'homme sur les êtres inanimés et les autres êtres vivants n'est pas absolue; elle est mesurée par le souci de la qualité de vie du prochain, y compris les générations à venir. »[256]

2.6.3.5 Sauvegarder le 'Tout' de la création

Dans *Centesimus Annus*, Jean Paul II parle d'une 'erreur anthropologique' qui serait à l'origine de la crise écologique. En fait l'erreur qu'il évoque, consiste dans le fait que l'humanité a toujours voulu faire cavalière seule, oubliant que la création est un tout, une entité dont l'harmonie nécessite la participation et la collaboration de tous. L'être humain seul ne peut constituer l'univers; il a besoin des forêts et des mers, tout comme les insectes ont besoin des plantes pour leur survie. Telle est la coloration que le Créateur a donnée à cet univers tout au début de l'univers: « ... dans la sphère de la création, l'homme agit de manière totalement indépendante de Dieu et finit par provoquer la révolte de la nature, une nature qu'il domine plus qu'il n'en prend soin. »[257] La pression constante et permanente que la nature subit de la part de l'homme fait que celle-ci soit en position de légitime défense, rejetant autant qu'elle peut ce qui affecte son rayonnement. Des activités telles que la destruction et le saccage des forêts, le déversement des déchets toxiques dans les mers et océans, l'émission exagérée et fréquente des gaz polluants dans l'atmosphère, la forte croissance des transports (surtout aériens) ont réduit les autres espèces au rôle de victimes et de spectatrices

---

[253] Cf. *supra*, 38.

[254] François Constantin (éd.), *Les biens publics mondiaux: un mythe légitimateur pour l'action collective?* (Paris: L'Harmattan, 2002), 39.

[255] R. Coste préfère utiliser le concept de *gérance* en lieu et place de *sauvegarde de la création*. Voir René Coste, "Aspects théologiques. La gérance de la création," in René Coste & Jean-Pierre Ribaut (sous la direction de), *Sauvegarde et Gérance de la Création* (Paris: Desclée, 1991), 51.

[256] *Catéchisme de l'Eglise Catholique* (Città del Vaticano: Libreria Editrice Vaticana, 1993), n° 2415.

[257] Jean-Paul II, *Centesimus Annus* (Città del Vaticano: Libreria Editrice Vaticana, 1991), n° 37.

impuissantes de la dégradation du cosmos. Une remise en question de l'homme est incontournable si l'on veut faire face au changement climatique.

Dans cette perspective, François en appelle à une anthropologie totalement repensée dans laquelle l'homme n'ose pas ignorer les apports et contributions des autres créatures créées elles aussi par le créateur.[258] « Quand nous insistons pour dire que l'être humain est image de Dieu, cela ne doit pas nous porter à oublier que chaque créature a une fonction et qu'aucune n'est superflue. Tout l'univers matériel est un langage de l'amour de Dieu, de sa tendresse démesurée envers nous. Le sol, l'eau, les montagnes, tout est caresse de Dieu.»[259] C'est vers une anthropologie radicalement repensée que François veut se tourner pour engager l'humanité vers une nouvelle approche dans le regard qu'il porte sur la nature.

2.6.3.6 Sauvegarde et bonne gouvernance

« La sauvegarde de la création doit continuer à être vue comme un élément essentiel dans l'établissement de la justice et de la paix dont notre monde a tant besoin. »[260] Il faut absolument qu'il y ait une remise en cause de l'homme dans sa manière de *gouverner* le monde. Il ne peut plus s'en servir juste pour en tirer profit ou à des fins capitalistes et égoïstes. Il faut qu'il restitue à la création ses lettres de noblesse. La création a été offerte avec une splendeur particulière qui doit être maintenue pour le bien-être de toutes les espèces. « Les ressources naturelles doivent être utilisées de manière à ce que leurs effets immédiats n'aient pas de conséquences négatives sur les créatures vivantes, humaines et non humaines, présentes et futures; que la protection de la propriété privée ne soit pas en conflit avec la destination universelle des biens... »[261]

Le Concile Vatican II, dans *Gaudium et Spes*, consacre tout le chapitre 5 à la sauvegarde de la paix qui est un élément fondamental à la sauvegarde de la création. Il n'y a pas de sauvegarde de la création sans un réel esprit de paix.[262] Vatican II établit une relation axiomatique et symétrique entre les concepts de paix et de création.

Dans le Compendium de l'Eglise Catholique, le Magistère insiste sur la responsabilité qui revient à l'homme de protéger et de sauvegarder la création (n° 466).[263] Cette sauvegarde passe par une prise en compte, non seulement, des dimensions scientifique et technologique qui révolutionnent tout, mais de la dimension éthique dans la manière d'aborder la création.

---

[258] Stenger et Billet affirment ce qui suit : « Le pape François a saisi et pris en compte la complexité de l'humain dans la multiplicité des relations qui le constituent. Une anthropologie radicalement repensée. On reproche souvent à la pensée chrétienne de positionner l'homme en situation prépondérante. » Stenger & Billet, « *Laudato Si'* : événement ecclésial et mondial, » 15.

[259] François, *Laudato Si'*, n°84; Pian insiste dans cette même perspective lorsqu'il affirme : « À propos de la biodiversité, il est souligné que la création doit être honorée pour elle-même et pas seulement en termes de 'ressources exploitables' ». Christian Pian, « *Laudato Si'* : La proposition d'une éthique écologique intégrale, » 37.

[260] Jean-Paul II, "Lettre Apostolique *Tertio Millenio Adveniente*," in Marjorie Keenan (ed.), *From Stockholm to Johannesburg, An Historical Overview of the Concern of the Holy See for the Environment 1972-2002*, 67.

[261] Benoît XVI, "Si tu veux cultiver la Paix, protège la création," in *L'Osservatore Romano*, janvier 2009, n°8.

[262] Vatican II, Constitution Pastorale sur "l'Eglise dans le monde de ce temps," in Giuseppe Alberigo, *Histoire du concile Vatican II, 1959–1965*, n° 77.

[263] Conseil Pontifical Justice et Paix, *Compendium de la pensée sociale de l'Eglise*, n° 466.

C'est l'éternelle question de la coopération entre la science et la foi. Cette coopération est aujourd'hui plus que nécessaire car la complexité des données de la création l'impose.

2.6.4 Une spiritualité de la sauvegarde de la création

2.6.4.1 La destination universelle des biens

Ceci est un principe fondamental qui constitue l'un des quatre piliers[264] de la doctrine sociale de l'Eglise.

C'est un principe que nous aimerions développer ici sous un angle théologique. Tout a été créé et mis à la disposition de la terre par le créateur. Partant de ce fait, les biens mis à la disposition de la création tout entière doivent servir l'humanité sans exclusion aucune. La destination universelle des biens ne fait pas ombrage à la propriété privée mais elle s'insurge contre l'exclusion dans la gestion et la gérance des biens destinés à tous car "la création, pensée et voulue par Dieu, s'offre comme un don à l'homme; il s'agit d'un héritage qui lui est confié."[265] La destination universelle consiste en la participation de tous à l'héritage commun que leur fait le créateur. Ainsi donc, un partage de ses biens est requis pour éviter de tomber dans l'injustice et la discrimination. Les biens qui sont ici évoqués sont aussi bien matériels qu'immatériels. Jean-Paul II a poussé plus loin sa réflexion, insistant sur le fait que le premier de tous ses biens demeure l'annonce de l'Evangile et sa réception dans le cœur de l'homme.[266] Or, l'annonce de l'évangile ne peut se faire concrètement et radicalement sans une prise en compte des pauvres, des déshérités et des démunis. Le respect pour les pauvres, les déshérités et les démunis est une manière humble de revoir les équilibres tant géologiques que géographiques dont le globe a besoin pour éviter de créer d'autres pauvretés. Le changement climatique a son lot de pauvres, de déshérités et des démunis car il contribue, à un certain degré, à maintenir dans la pauvreté certains états et nations déjà bien pauvres. L'un des facteurs de pauvreté lié au changement climatique est la vulnérabilité constante que celui-ci crée.[267] Le pape François a fortement poursuivi dans cette perspective en accordant une place prépondérante aux pauvres dans son pontificat.

---

[264] Les trois autres piliers sont le principe de la Dignité de la Personne Humaine, le principe de la Subsidiarité et le principe de la Solidarité.

[265] *Catéchisme de l'Eglise Catholique*, n° 299.

[266] Jean-Paul II "Novo millenio ineunte. Lettre ouverte pour le 3ème millénaire," 2001, n° 50. Voir aussi *Laborem Exercens*, n°14 et *Centesimus Annus*, n° 6.

[267] "Plus d'un milliard de personnes, des femmes pour les deux tiers, vivent dans la pauvreté absolue, avec moins d'un dollar par jour. Si l'on utilise la norme de deux dollars par jour, ce chiffre passe à 2,8 milliards de personnes (OCDE 2001). Les changements climatiques vont aggraver la pauvreté dans le monde. Ses conséquences seront plus dramatiques dans les pays en développement, en raison de leur situation géographique, de leurs conditions climatiques, de leur forte dépendance à l'égard des ressources naturelles et de leur capacité limitée à s'adapter à l'évolution du climat. Dans ce groupe de pays, les plus pauvres, ceux qui ont le moins de ressources et le moins de capacité d'adaptation sont les plus vulnérables (GIEC 2001a). Les changements attendus dans l'incidence, la fréquence, l'intensité et la durée des phénomènes météorologiques extrêmes (vagues de chaleur, fortes précipitations, sécheresses, etc.) ainsi que les variations plus graduelles du climat moyen menaceront leurs moyens d'existence, creusant encore davantage les inégalités entre monde développé et monde en développement. Les changements climatiques apparaissent donc comme un obstacle sérieux à l'éradication de la pauvreté. Pourtant, les stratégies de développement actuelles ont tendance à en négliger les risques. " Voir, Frank

Le pape François, regardé comme le pontife des pauvres, ne reste pas en marge de cette perspective. Il estime que le changement climatique contribue à modeler des pauvres écologiques. Au-delà de la pauvreté économique à laquelle ils sont confrontés n'ont pas les moyens de se défendre contre la pollution et leréchauffement climatique.

> Beaucoup de pauvres vivent dans des endroits particulièrement affectés par des phénomènes liés au réchauffement, et leurs moyens de subsistance dépendent fortement des réserves naturelles[...] Par exemple, les changements du climat provoquent des migrations d'animaux et de végétaux qui ne peuvent pas toujours s'adapter, et cela affecte à leur tour les moyens de production des plus pauvres, qui se voient aussi obligés d'émigrer avec une grande incertitude pour leur avenir et pour l'avenir de leurs enfants. L'augmentation du nombre de migrants fuyant la misère, accrue par la dégradation environnementale, est tragique ; ces migrants ne sont pas reconnus comme réfugiés par les conventions internationales et ils portent le poids de leurs vies à la dérive, sans aucune protection légale.[268]

François relance lé débât sur la répartition des biens et des richesses de la terre et surtout sur l'appropriation de ces biens par une portion de ses habitants au détriment du reste de la population mondiale.

L'intégralité des ressources de la terre doit pouvoir être mise à la disposition de toutes les composantes de la planète et éviter toute sorte d'égoïsme. « La terre est essentiellement un héritage commun dont les fruits doivent profiter à tous. »[269] Il s'agit d'éviter à arriver à des situations où certains biens et certaines ressources sont entièrement confisqués par une partie de la population laissant une autre dans la misère totale. Au-delà de ceci, il convient de réfléchir à la manière dont l'usage des biens se fait, tout en tenant compte à ne pas abuser des ressources que la terre propose. Un équilibre dans l'usage des ressources est nécessaire pour ne pas que la terre perde toute sa beauté et se mette à puiser dans ses réserves. C'est dans ce sens que Coste affirme que « la destruction des forêts tropicales ne serait plus nécessaire si les terres étaient cultivées de manière adéquate. »[270] Il donne une forte connotation au 'principe de la destination universelle des ressources terrestres'[271] qui consiste à tenir compte de l'univers tout entier dans la répartition et l'usage des biens de la terre. Une inégale répartition des ressources et même des matières premières, continuera à maintenir la terre dans une situation de tension extrême qui marquera la stabilité et voire même la dégradation des conditions climatiques de la planète. « La terre est reçue, elle donne la grâce. La terre a droit à un repos; mais il faut aussi que les fruits soient répartis. Il faut que ceux qui n'ont rien, ou qui se sont endettés, ou qui ont été privés de leur terre puissent en recevoir eux aussi leur part. Ainsi la grâce est partagée. Telle est la volonté du Dieu qui donne en abondance. »[272]

Sperling (responsable d'édition), "Pauvreté et changement climatiques. Réduire la vulnérabilité des populations pauvres par l'adaptation," *Revue économique* 54 (2003), 837.

[268] François, *Laudato Si'*, n°25.

[269] Jean-Paul II, "La Paix avec Dieu Créateur, la Paix avec toute la Création," n° 8.

[270] Coste, *Dieu et l'Ecologie*, 132.

[271] Coste, *Dieu et l'Ecologie*, 132.

[272] Marjolaine Chevallier, "Aspects Théologiques: L'Eglise et le problème de la création," in René Coste & Jean-Pierre Ribaut (sous la direction de), *Sauvegarde et Gérance de la Création*, 66.

C'est pourquoi le principe de la destination universelle des biens recourt à la liberté humaine, la liberté civile et la responsabilité de l'homme. La destination universelle, si elle est suivie et respectée comme promue par la loi naturelle, doit pouvoir conduire l'être humain à faire une part belle à tous les biens mis à sa disposition, en commençant par l'environnement. Le Compendium regarde ce bien comme le bien commun sans lequel la vie communautaire serait un poids lourd à porter. Un bien ne tire son sens plénier et profond que s'il est soumis à l'usage commun.[273] Or ceci n'arrive pas assez souvent. Faut-il donc recourir à une conversion spirituelle?

Ce qu'il faut dire ici c'est que la destination universelle des biens peut contribuer à maintenir et à conférer un certain équilibre dans les rapports d'ordre environnemental que les différentes espèces entretiennent entre elles. Une répartition équitable des biens peut aider à épargner certaines parties du globe de vivre dans la vulnérabilité la plus totale. Non seulement la vulnérabilité pourrait être évitée, mais en plus la plupart des pays dits 'pauvres', auraient au moins le minimum nécessaire pour faire face aux effets néfastes du changement climatique et s'adapter à ces diverses formes.

2.6.4.2 La conversion spirituelle

S. McFague développe une profonde spiritualité dans le cadre de la sauvegarde de la nature car la création est à ses yeux, le corps de Dieu.[274] Elle insiste sur le fait que l'homme doit se convertir à une spiritualité de la création en lien profond et étroit avec Dieu. Elle condamne toute attitude arrogante qui contribue à la domination de la nature alors que celle-ci devrait plutôt être soignée et protégée par l'homme car c'est de là qu'il tire les ressources pour sa subsistance existentielle. Elle reste convaincue que pour que cette sauvegarde ait lieu de manière effective, chacun doit considérer la création et la terre comme une parcelle de sa propriété. Y prendre soin comme si elle nous appartenait et qu'elle appartiendra plus tard à nos enfants et petits-enfants.

> La crise de l'environnement est avant tout une crise spirituelle causée par l'homme. L'homme ne sait plus accueillir le monde comme un cadeau de Dieu qu'il nous faut protéger. Pourtant c'est en respectant la création de Dieu que nous pouvons lui rendre gloire. Saint Maxime le Confesseur demande : 'Comment aimer Dieu, sans aimer les arbres, les fleurs, les animaux et les beautés de la création?'. Pour cela il faut que l'homme accepte de ne plus être le centre du monde. Le centre du monde, c'est Dieu.[275]

Il faut absolument éviter une attitude 'je m'enfoutiste' ou 'don't care attitude' comme celle qui caractérise les clients dans les hôtels.[276] Dans les hôtels, on fait usage des objets avec très peu d'appréhension car l'on a bien conscience que l'on n'est pas chez soi.

---

[273] Voir Conseil Pontifical Justice et Paix, *Compendium de la pensée sociale de l'Eglise*, n°165, 176 & 178.
[274] Voir Sallie McFague, *Super, Natural Christians. How We Should Love Nature* (Maryknoll N.Y.: Fortress Press, 1997), 86.
[275] Stenger & Billet, « *Laudato Si'* : événement ecclésial et mondial, » 22.
[276] Cf. *supra*, 24.

2.6.4.3 *La création comme le corps de Dieu*

La création, comme reflet de la beauté et des merveilles de Dieu, est l'un des thèmes principaux développés par McFague au long de son livre, *The Body of God: an ecological theology*[277].

McFague recommande à l'être humain de ne pas considérer ce monde, le corps de Dieu, comme un hôtel.[278] Considérer la création comme notre propriété et comme notre résidence permanente est une attitude spirituelle responsable.

Cette attitude spirituelle et responsable a pour base le concept de *relationalité écologique*,[279] qui d'après elle, établit entre l'homme et la création une relation réciproque basée sur le respect et l'entretien. C'est une relationalité qui encourage une spiritualité de l'attention, de l'écoute, de l'émerveillement et de la révérence. Pareille relationalité pourrait remettre l'être humain sur la voie de la contemplation des merveilles de la création. C'est une relationalité qui met en dialogue les différents protagonistes de la création pour un meilleur vivre ensemble et une protection de la création effective. Dans ce genre de relationalité, les notions de respect et de dialogue mutuel constituent les fondements d'une véritable ascèse dans l'optique de la sauvegarde de la création. Cette même relationalité implique une réciprocité qui requiert que l'homme doive porter une attention particulière à la terre, c'est la condition pour que la terre, à son tour, puisse prendre soin de l'homme.[280]

2.7 INTEGRITÉ DE LA CRÉATION: L'ÉGLISE PEUT-ELLE ASSUMER CETTE ORIENTATION?

2.7.1 L'ordre de la création: Dieu - L'Homme - L'Univers

On s'est trop souvent fié à l'idée qu'il n'y a que la science et la technologie qui peuvent trouver des solutions à la crise climatique. Facc aux infructueuses tentatives de celles-ci, quelle est l'option efficace que l'homme peut adopter?

2.7.1.1 *Une réfutation de la thèse de L.White*

Avec sa capacité de raisonner, l'homme doit faire face à la nature et composer avec elle. L'interaction de l'homme avec la nature n'a pas commencé avec le christianisme. Même les religions plus anciennes que le christianisme ont toujours souligné la place particulière de l'homme dans la création. Cela n'a pas pour autant faussé leurs rapports avec l'environnement.

---

[277] McFague, *The Body of God: an Ecological Theology* (Minneapolis: Fortress, 1993).

[278] Voir McFague, *A New Climate for Theology*, (Minneapolis: Fortress Press, 2008), 53. "They are usually something like the following: (1) Take only your share. (2) Clean up after yourself. (3) Keep the house in good repairs for others. Simple to understand, but immensely difficult to live out when we consider them in relation to the earth as our home, our house."

[279] Voir McFague, *The Body of God. An Ecological Theology*, 69.

[280] Voir Ernst M. Conradie, "Justice, Peace and Care for Creation: What is at stake? Some South African perspectives," 216.

Etant donné que les causes évoquées par White ne sont qu'historiques, il est fortement possible que l'homme ait eu le temps et la possibilité de changer son attitude à l'égard de la nature et de l'environnement.

Cette attitude de l'homme, à la fois confortable et exigeante, est ce que Pierre Gisel appelle une *intrigue spécifique.*[281] Le fait que l'homme soit au centre de la création selon la perspective chrétienne, ne lui donne pas le droit d'assujettir à lui toutes les créatures, puisqu'elles sont au même titre que lui des créatures divines. La place centrale que l'homme occupe dans la création renvoie au fait que l'homme doit se mettre au service des autres créatures.

Quant à Berry, il pense que tous les maux dont le christianisme porte la responsabilité ne sont ni statiques, encore moins figés. « La culpabilité chrétienne dans la destruction de la nature et le manque d'efficacité du christianisme à résoudre cette crise sont aujourd'hui considérés comme des clichés du mouvement conservateur. »[282] Cette riposte de Berry n'a jamais été fortement soulignée. Il a été soutenu dans cette voie par René Dubos, pour qui la dégradation environnementale avait amorcé son envol bien avant l'ère biblique. Il soutient en effet que les traditions et civilisations hindoues, indiennes, grecques, chinoises, aztèques avaient longtemps entamé le processus de déforestation et un réel désherbage lié à leurs modes de vie. Ces traditions, bien que primitives, essayaient de soumettre la nature en faisant face à son état le plus sauvage. Non pas qu'ils voulaient détruire la nature pour des intérêts financiers ou matériels mais parce qu'il fallait y faire face pour survivre.[283]

Ceci revient à dire que la relation d'ordre anthropocentrique que l'homme entretient avec la nature n'est pas une caractéristique du christianisme. Que le christianisme ait existé ou pas, l'homme devrait bien rentrer en relation avec la nature car cette relation est vitale à sa survie physique, temporelle et morale. Le rapport anthropocentrique de l'homme à l'égard de la nature ne prend pas son envol avec la religion chrétienne, mais c'est une constituante existentielle qui fait que l'homme se doit de se positionner par rapport à la nature et par rapport à son environnement. La nature humaine est constituée de sorte qu'elle se doit de se mettre en relation avec l'environnement qui est autour de lui, mais aussi avec l'autre humain. C'est toute la signification de l'orientation personnaliste de Louvain, selon laquelle l'homme n'est homme que lorsqu'il entre en relation avec autrui.[284] Il n'a pas besoin du christianisme pour faire cette démarche.

Il est important que soit ici souligné que la place centrale accordée à l'homme dans le christianisme a été une tentation, mais cela a aussi été une grande responsabilité posée sur les épaules de celui-ci. Responsabilité ne rime pas nécessairement avec destruction et domination, mais elle peut aussi signifier préservation, sauvegarde et gérance. Les exemples offerts par les moines, bénédictins et François, pour ne citer que ceux-là, sont des parfaites illustrations de la responsabilité qui doit caractériser l'homme dans son rapport avec la nature. Cette responsabilité nous conduit à nous pencher sur la teneur de l'écologie chrétienne.

---

[281] Pierre Gisel, "Nature et Création selon la perspective chrétienne," in Danièle Hervieu-Léger, *Religion et Ecologie* (Paris: Les Editions du Cerf, 1993), 30.
[282] Wendell Berry, *A Place on Earth* (Boston: Harcourt Brace, 1967), 132.
[283] René Dubos, *A God Within* (New York: Charles Scribner's Sons, 1972), 32-46.
[284] Joseph Selling "*The Human Person,*" in Bernard Hoose (ed.), *Christian Ethics: An Introduction* (London: Geoffrey Chapman, 1998), 95-109.

2.7.2 Pour une écologie chrétienne

Il est en effet clair et aisé de voir que l'écologie a aussi pris une tournure particulièrement chrétienne depuis quelques décennies. Il s'agit d'une écologie qui s'appuie sur l'Ecriture Sainte et sa tradition. Comment s'appuie-t-elle sur l'Ecriture Sainte et sa tradition? Elle fait de l'Ecriture et de sa tradition, les références fondamentales à partir desquelles elle peut amorcer sa réflexion sur l'écologie. Ses éléments constituent ses points d'appui principaux. C'est une écologie qui met en exergue la perception de Dieu par rapport à sa création et aussi la place que le créateur confère à ses créatures dans cette même sphère. C'est une écologie qui encourage une attention particulière à accorder à la nature et à ses antennes.

Selon Jürgen Moltmann, la spécificité de l'écologie chrétienne prend appui dans l'Ecriture sainte, dans l'Homme et dans Dieu qui est la source et l'origine de toutes choses à travers la création.[285] Moltmann apporte un visage nouveau et perçant dans les rapports que le christianisme doit pouvoir entretenir avec la nature et l'environnement, éléments essentiels de la création. Il s'agit pour lui de regarder avec beaucoup de profondeur et de foi la création telle que Dieu l'a pensée et souhaitée. Il développe une théologie de la création qui fait une place de choix à l'environnement et à la nature tout en y intégrant l'homme pour que celui-ci initie un dialogue et une collaboration pacifique avec toutes les autres créatures de Dieu.[286] L'homme se trouve ici dans une situation confortable mais aussi exigeante. Gisel préconise une attitude on ne peut plus raisonnable de l'homme face à la création. L'homme doit, à son avis, considérer la création avec une attitude semblable à celle qu'il décrit dans son article, Nature et Création selon la perspective chrétienne. L'homme doit toujours se dire: "Le monde était là avant moi ; il sera là après moi. Il plonge ses racines dans l'infini cosmique, et il s'étend dans le même infini. Dieu seul en connait le commencement et la fin."[287]

L'écologie chrétienne, c'est d'abord et avant tout d'avoir de la considération pour ce que Dieu a créé et pour tout ce qu'il a jugé bon de mettre dans la sphère de la création. Cette création s'inscrit dans un processus dans lequel les diverses créatures participent de la création divine dans toute sa splendeur. Ceci peut être source d'espérance pour tous les chrétiens.

> À la crise écologique il y a un enjeu religieux, puisque la situation dans laquelle nous sommes nous interpelle sur les fondements et la finalité des actions humaines dans le monde. Pour nous chrétiens, il y a une question fondamentale à laquelle nous devons savoir si nous pouvons répondre : 'L'homme a-t-il encore une raison d'espérer ?'. La réponse à cette question passe par une interrogation sans complaisance du chrétien sur sa responsabilité dans un monde dont il expérimente la finitude et sur la conversion que cette responsabilité exige de lui, avant de proposer une espérance au monde. Pour élucider les fondements de sa responsabilité, le chrétien doit se référer aux sources de sa tradition et pour prendre la mesure de ce

---

[285] Voir Jürgen Moltmann, *Dieu dans la création. Traité écologique de la création.* Traduit de l'allemand par Morand Kleiber (Paris: Editions du Cerf, Coll. « Cogitatio Fidei », 1988), 186.

[286] Voir Jürgen Moltmann, *Dieu dans la création*, 202.

[287] Gisel, "Nature et Création selon la perspective chrétienne," 35.

qu'apportent de particulier ses sources, il doit les situer dans le contexte philosophique au sein duquel elles ont pris naissance.[288]

En se conformant à la responsabilité qui est la sienne , l'homme pourra faire revivre un espoir qui le quitte de plus en plus dans le rapport qu'il entretient avec notre maison commune qu'est la terre.

2.7.2.1 Vers une écologie sociale

La société est considérée comme un tout dans lequel toutes les composantes tiennent une place spécifique et précise; c'est un tout qui est composé de plusieurs éléments reliés les uns aux autres et qui forment un bloc solide dans lequel chaque principe tient un rôle capital. C'est dans cette optique que l'écologie, considérée comme 'science de la maison' tient largement sa place.

C'est de cette image que se sert d'ailleurs McFague pour montrer l'importance du traitement 'humain' que l'homme doit attribuer à la nature et à son environnement.[289] McFague reste convaincue que pour altérer les effets du changement climatique, chaque citoyen a le devoir de considérer l'environnement comme sa maison et non pas comme un hôtel.[290] L'environnement et la nature sont à ses yeux le corps de Dieu; à cet effet un soin particulier doit leur être accordé car Dieu se manifeste et se révèle à travers ses créatures, fussent-elles humaines ou naturelles.[291]

Moltmann a également prolongé dans le même sens lorsqu'il cherche à montrer que le souci de mettre de l'ordre dans la création revient en premier à Dieu lui-même. Il crée toutes les choses de manière à ce qu'elles entrent en relation les unes avec les autres. La chronologie que suit le récit de la création dans Gn 1-3 est là pour montrer que tout a été fait de manière à ce que les créatures demeurent en relation directe et harmonieuse.[292] Coste utilise le terme d'"alliance avec la nature."[293]

Félix Guattari voit le problème environnemental comme une crise sociale amorcée déjà dès le XIXe siècle avec l'accentuation des écarts sociaux entre pauvres et riches, entre prolétaires et bourgeois. La multi-disciplinarité constitue l'un des maîtres-mots de l'*écosophie mentale guattarienne.*[294] Guattari étale les différentes composantes de l'écologie en les

---

[288] Stenger & Billet, « *Laudato Si'*: événement ecclésial et mondial, » 28.

[289] Voir McFague, *A New Climate for Theology*, 168-169. Voir aussi à ce propos Sean McDonagh, *To Care for the Earth. A Call to a New Theology* (London: Geoffrey Chapman, 1986), 18.

[290] Le pape François parle de la terre comme de notre maison commune. Voir *Laudato Si'*, n°1, 3 et 17. « Nous avons une 'maison commune' qui est un don et que nous avons vocation à habiter, c'est-à-dire à le faire devenir un lieu de vie pour tous les êtres qui la composent. » Stenger & Billet, « *Laudato Si'*: événement ecclésial et mondial, » 14.

[291] McFague, *The Body of God: An Ecological Theology*, 48.

[292] Moltmann, *Dieu dans la création, Traité écologique de la création*, 214.

[293] Coste, *Dieu et l'Ecologie*, 78.

[294] L'écosophie réfère à un courant de pensée écologique qui s'est développé au milieu du XXe siècle sous la houlette de Arne Næss de l'Université d'Oslo en Norvège. Les sympathisants de ce courant sont proches de la ligne de pensée de Lynn White pour qui, la perspective anthropocentrique chrétienne a été poussée à l'extrême. Pour eux, il faut donc revenir à un certain équilibre dans les relations que l'homme entretient avec la nature et l'environnement surtout dans la sphère écologique. Voir Guattari, *Les trois écologies* (Paris: Galilée, 1989), 58.

mettant en parallèle avec les disciplines sœurs auxquelles elles pourraient avoir recours. Il distingue ainsi trois catégories distinctes d'écologie. Il parle de l'écologie environnementale où la nature et l'environnement sont spécifiquement pris en considération. Il fait état de l'écologie sociale une discipline qui se penche de manière bien particulière sur les réalités liées à l'économique et au social. Enfin il fait référence à l'écologie mentale dont le but est d'estimer et aussi de mettre en valeur les qualités subjectives et humaines qui composent l'être humain.[295]

Guattari est convaincu, qu'une fois que ces différentes perspectives écologiques sont mises en place, elles contribuent à améliorer l'environnement écologique dans lequel les hommes et les autres créatures se retrouvent aujourd'hui piégés. C'est une nouvelle manière de correspondre et de rentrer en relation avec le monde qui est ici proposée.

Il faut aussi souligner que bien avant Guattari, des sociologues comme Jean Guy Vaillancourt, Robert Park, Roderick Mackenzie et Ernest Burgess avaient déjà mis en place, dans les années 1920 à l'université de Chicago,[296] une sociologie de l'environnement, créant un lien très fort entre les sciences sociales et l'environnement. Bozonnet s'inscrit sur la même ligne que Guattari car il conçoit l'écologie comme "un problème qui nécessite une approche interdisciplinaire et systémique." Là où Guattari parle d'*écosophie*, lui, parle d'*écosociologie*.[297] Ceci pour montrer que l'on ne pourra se départir de la question du changement climatique que si toutes les disciplines sont totalement mises à contribution.

2.7.2.2 Vers une écologie de la splendeur de la création

L'écologie devient intégrale lorsqu'elle est orientée vers la splendeur totale de la création. La splendeur de la création consiste à ne pas privilégier certaines créatures au détriment des autres, mais à les mettre en rapport les unes avec les autres, arriver à les valoriser toutes comme le Créateur lui-même l'a fait au commencement de l'univers.[298] Dans son article, "De la domination à la solidarité", Moltmann commence par porter un regard critique sur la philosophie des Lumières et sur son insistance anthropocentrique qui a mis la 'subjectivité spirituelle humaine' au diapason du divin. Moltmann, montre que domination et solidarité, dans l'entendement divin, peuvent faire chemin commun à condition que l'homme se rende compte que Dieu n'a pas créé la faune et la flore pour le plaisir de l'homme uniquement, mais aussi et surtout pour favoriser une nature florissante, harmonieuse et équilibrée. Il se pose des questions judicieuses dans cet article:

> La Terre qui nous abrite, est-elle objet ou bien peut-elle être considérée comme sujet d'un genre particulier? Pouvons-nous considérer les animaux comme des objets ou comme des sujets semblables aux humains? C'est dans la mesure où se développeront les idées

[295] Voir Guattari, *Les Trois Ecologies*, 46.
[296] Voir Jean-Paul Bozonnet, "De la conscience écologique aux pratiques. Pratiques domestiques et politiques environnementales à la lumière des théories du choix rationnel et des valeurs," *Actes du colloque* 'Environnement et Politiques,' Toulouse, CR23 AISL et CERTOP-CNRS (2007): 279-287.
[297] Voir Jean-Paul Bozonnet & Joël Jakubec, *L'écologisme à l'aube du XXIème siècle. De la rupture à la banalisation?* (Paris : Georg, Coll. « Stratégies énergétiques, » 2000), 126.
[298] Jürgen Moltmann, "De la domination à la solidarité," *Relations*, n° 699 (2005): 22-25.

fondamentales de la liberté communicationnelle que se mettra en place communauté durable et viable en lien avec l'organisme terrestre et le monde animal.[299]

Moltmann développe une anthologie dans laquelle il estime qu'une réconciliation entre nature et humains est incontournable dans la crise écologique de nos jours. Cette perspective de la réconciliation rejoint les fondements de la conception d'un Dieu trinitaire, une conception dans laquelle l'égalité parfaite entre les trois membres devrait être une source d'inspiration et motif de vie pour la société et la nature.

2.7.2.3 Interaction & Interrelation

L'homme n'a plus le droit de se comporter comme un monarque sur cette terre, mais il lui faut absolument coopérer avec les autres créatures et continuer à perpétrer l'œuvre de la création.

C'est dans cette lignée que Barry Commoner parle d'*interaction* et d'*interrelation*[300] entre tous les êtres vivants et les êtres non-vivants. Pour lui, interaction et interrelation sont les lois primaires et fondamentales de l'écologie. Il invite l'homme à faire preuve de prudence dans la manière dont il traite les autres espèces de la création.[301] D'où la nécessité de prendre en compte toutes les composantes de la création pour arriver à mettre fin au changement climatique ou du moins s'y adapter. L'homme seul, n'y fera rien, à moins qu'il se mette en connexion et en relation avec toutes les autres créatures.

2.7.2.4 La responsabilité chrétienne

Il s'agit d'une responsabilité qui veille et protège la création en vue de la reconnaissance de la présence divine dans son œuvre.

---

[299] Moltmann, "De la domination à la solidarité," 24.

[300] Barry Commoner, *The Closing Circle* (New York: The New Bantam Books, 1972), 29-44.

[301] Voir McDonagh, *To Care for the Earth*, 19. Il insiste sur l'attention particulière que l'homme doit porter aux fruits et légumes. S'il s'amuse à mettre des pesticides et arroser les fruits avec des produits empoisonnants, cela se retournera évidemment contre lui. Tous les produits chimiques et pesticides utilisés pour stimuler la maturation rapide des fruits et des légumes sont à l'origine de nombreuses maladies dont souffre l'homme. Commoner donne des chiffres liés à la production de fruits et légumes en Californie en 1980. Il affirme que 20% de pesticides ont été utilisés pour rendre les fruits et légumes beaucoup plus attractifs et augmenter la consommation. McDonagh a appuyé dans le même sens que Commoner pour montrer le caractère néfaste des pesticides et autres produits chimiques utilisés dans l'agriculture. Il montre qu'au début les pesticides étaient vus d'un bon œil. Mais avec tous les ravages qu'ils causent sur le sol, la végétation, les consommateurs, McDonagh suggère que l'on reparte vers une agriculture naturelle qui causera moins de dommages à la nature. Ces pesticides sont à l'origine des cancers, des désordres génétiques, stérilité, allergies de la peau et autres maladies graves. D'un autre côté, ces pesticides restent très longtemps dans la terre une fois qu'ils y sont implantés. Leur disparition et leurs effets continueront de se faire sentir pendant plusieurs années. McDonagh veut simplement montrer que le fait d'empoisonner la terre depuis plusieurs années rend la planète tout entière prisonnière de ce système. De la même manière, il faut prendre en compte toutes ces composantes pour arriver à mettre fin au changement climatique ou du moins s'y adapter. L'homme seul, n'y fera rien, à moins qu'il se mette en connexion et en relation avec toutes les autres créatures.

En effet, selon Hans Jonas, le principe de responsabilité (*Das Prinzip Verantwortung*)[302] qu'il évoque en lien avec la crise environnementale, prend en compte les effets ou les conséquences de toute action humaine sur l'environnement ou les générations humaines fussent-elles d'aujourd'hui ou à venir. Pour lui, responsabilité rime avec attention et prudence dans les diverses entreprises humaines. Si une action, quelle qu'elle soit, produit des conséquences néfastes graves, il ne sert à rien d'entreprendre pareille besogne. La responsabilité est entamée à partir du moment où tout ce que l'on fait pourrait avoir des graves répercussions sur la nature et ses composantes. S'abstenir de s'engager dans des actions qui pourraient nuire gravement à l'environnement et aux hommes d'aujourd'hui et de demain c'est cela la responsabilité. Prudence, prévention et retenue doivent être de mise avant de pouvoir s'engager dans des actions qui risquent d'avoir des conséquences environnementales immédiates et futures trop importantes.

2.7.3 La création dans son intégrité

Jay McDaniel, un théologien américain, conçoit l'intégrité de la création comme « l'importance que chaque créature s'accorde à elle-même, l'importance qu'elle accorde aux créatures et à leur interrelation dont le but suprême est de connaitre Dieu. Ne pas faire référence à l'intégrité de la création c'est oublier que la terre est un 'tout splendide'. »[303] Pour McDaniel, il n'est pas question de prendre la création comme un jeu de puzzle dans lequel il s'agit de remettre ensemble plusieurs morceaux séparés. La terre est à ses yeux un bien inséparable qu'il faut toujours prendre comme un tout. C'est ce 'tout' qu'il faut préserver et qu'il faut mettre en exergue pour que la terre soit épargnée de certains désagréments.

Il faut éviter à la terre de connaître une corruption certaine et totale qui conduirait à une crise environnementale et écologique encore plus grave. Ceci hypothèquerait les conditions de vie des générations à venir.

Charles Birch, théologien et généticiste australien quant à lui, définit l'intégrité de la création comme « la reconnaissance de l'intégrité de l'intrinsèque valeur de chaque créature et la maintenance de l'intégrité des relations que chaque individu entretient avec son environnement. »[304] Il donne l'exemple des éléphants et des kangourous dont l'espace et l'environnement de vie devraient être respectés afin de contribuer à rehausser le niveau de vie de ces animaux; de par là assainir l'espace environnemental qu'occupe l'homme et les autres espèces. Birch s'oppose donc à une destruction massive et sauvage des environnements naturels dans lesquels vivent certaines espèces animales.

La reconversion artificielle que l'homme crée en délogeant les animaux d'un espace à un autre conduit à une désintégration de la création. Il revient à l'homme, au chrétien, le devoir et l'obligation de respecter ce que Dieu a créé. L'oppression que l'homme fait subir à

---

[302] Hans Jonas, *Le principe de responsabilité. Une éthique pour la civilisation technologique* (1979). Traduction française (Paris: Editions du 1990), 82.

[303] Jay McDaniel, "Where Is the Holy Spirit Anyway? Response to a Sceptical Environmentalist," *Ecumenical Review* 42, (1990), 165.

[304] Charles Birch, "Christian Obligation for the Liberation of Nature," in Charles Birch, William Eakin & Jay McDaniel (eds.), *Liberating Life: Contemporary Approaches to Ecological Theology* (Maryknoll, N.Y.: Orbis Books, 1990), 61.

l'animal sous divers ordres doit être interdit car pareils actes ne garantissent en aucun cas l'intégrité de la création.[305]

Il s'agit de regarder la création comme le fruit de l'œuvre de Dieu, une œuvre qui a besoin de l'homme et des autres créatures pour conserver sa beauté, son identité et son éclat. L'un des devoirs fondamentaux de l'homme est de s'impliquer dans la protection de la création et de la nature. Ceci passe par une intégrité redevable d'une conversion spirituelle que Stenger exprime très bien:

> D'un autre côté la tradition biblique et chrétienne a parlé et continue à parler d'une création nouvelle, plus précisément d'un ciel nouveau et d'une terre nouvelle. Certains y puisent des arguments en faveur d'une fuite de ce monde : le rêve d'un paradis auquel on ne peut accéder qu'en laissant ce monde de perdition. Mais si l'Écriture nous parle d'un monde nouveau, elle ne nous parle pas d'un autre monde. Ce monde nouveau est lié à la conversion que nous ferons aujourd'hui et à notre victoire sur le mal.[306]

2.7.3.1 Sens de l'intégrité de la création

Larry Rasmussen confère six dimensions au concept d'intégrité de la création. La sixième dimension[307] nous semble être la plus judicieuse puisqu'elle fait référence à la terre comme un tout même si certains détails appellent à la différence. Il utilise le terme de 'symbiote'[308] comme pour exprimer la profonde relation qui caractérise toutes les créatures qui constituent la planète.

Le terme *Intégrité*, confère à la création une splendeur beaucoup plus profonde. C'est un appel et une invitation à se transformer en narrateurs et narratrices de l'histoire de la création. Il s'agit de partager et de faire découvrir une histoire; une histoire dans laquelle le créateur aime la création qu'il a produite avec sagesse. Il s'agit de se faire l'écho d'une histoire où Dieu aime l'univers, ses créatures, les eaux, les feux, la terre, les humains, les animaux, les arbres que lui-même a créés. Il s'agit aussi de faire découvrir la qualité de nos relations avec les autres créatures divines et surtout de savoir qui nous sommes,[309] où nous sommes, où allons-nous et que deviendrons-nous? Toutes ces interrogations sont capitales et importantes car elles déterminent la relation que l'humain pourra entretenir avec les autres créatures créées au même titre que lui.

L'intégrité de la création fait référence aux valeurs de respect et d'appréciation. Respect et appréciation sont valables pour le caractère sacré que revêt la création. Le rôle spécifique qu'occupe l'homme dans la création ne doit pas le faire dormir sur ses lauriers, mais cette responsabilité le rend plus conscient de la digne tâche qui lui incombe.

---

[305] Charles Birch, "Christian Obligation for the Liberation of Nature," 57-58.

[306] Stenger & Billet, « *Laudato Si'* : événement ecclésial et mondial, » 21.

[307] Larry L. Rasmussen, *Earth Community, Earth Ethics* (Geneva: WCC Publications, 1996), 106.

[308] Rasmussen, *Earth Community, Earth Ethics*, 107.

[309] Voir McFague, *A New Climate for Theology*, 165-168.

2.7.3.2 Intégrité et gérance de la création

L'intégrité de la création requiert que soient pris en compte les tenants d'une conversion écologique. Celle-ci consiste à prendre conscience de notre rapport à la nature et de la dégradation que lui font subir certaines de nos actions. La crise écologique fait entrevoir de nombreux déséquilibres: l'exploitation des ressources, la pollution et la décadence du noyau naturel environnemental, la trop grande différence entre riches et pauvres, tensions causées par le pétrole, l'eau, les terres arables et autres. Il est important que soit clairement précisée la nécessité d'un retour à une nature qui donne vie, plus qu'à celle qui est source de divisions, de partages et de querelles: « Considérer la nature comme un donné définitif et adopter à son égard une attitude de protection et de sauvegarde, craintive à l'égard des découvertes scientifiques qui bien entendu accroissent la responsabilité éthique. Edifier de nouveaux interdits par un soi-disant retour à ce que l'on définit comme nature. »[310]

L'intégrité de la création, c'est arriver à créer une parfaite harmonie avec la terre qui nous accueille, c'est de lui accorder le respect qui lui est dû. Intégrité et respect vont dans la même direction car le respect de la terre et des ses dérivés constitue le commencement de l'intégrité à laquelle la terre a droit. Se reconnaître dans la terre c'est lui donner les moyens de pouvoir permettre à tous ses habitants d'arriver à un minimum de dignité de vie et de cette manière pourvoir suffisamment des réserves pour les générations qui viendront après celles d'aujourd'hui. Ce n'est plus seulement regarder la terre comme une ressource mais aussi comme une entité à part entière contribuant à l'équilibre de la biosphère. « Mais il ne suffit pas de penser aux différentes espèces seulement comme à d'éventuelles ''ressources'' exploitables, en oubliant qu'elles ont une valeur en elles-mêmes. Chaque année, disparaissent des milliers d'espèces végétales et animales que nous ne pourrons plus connaître, que nos enfants ne pourront pas voir, perdues pour toujours. »[311]

S'identifier à la terre c'est se reconnaître membre à part entière de la planète et contribuer à sa protection et à sa survie. Il y a une belle expression à ce sujet de Shannon Jung: « Nous [ne] sommes pas vraiment chez nous sur la terre autant que nous sommes chez nous comme la terre. »[312] C'est une affirmation teintée de philosophie et de sagesse.

2.7.3.3 Intégrité de la création comme moyen de participation à un environnement sain

L'intégrité de la création peut être atteinte si les valeurs morales et les considérations de même ordre régissent les différents rapports que les créatures entretiennent entre elles. Ceci implique que les droits, les devoirs et obligations de tout un chacun doivent être respectés d'un point de vue moral et même humain. C'est dans cette perspective qu'Aldo Leopold affirme qu' « une action n'est bonne que si elle préserve l'intégrité, la stabilité et la beauté de la communauté biotique. Elle n'est pas bonne quand elle produit des résultats

---

[310] Chevallier, "Aspects Théologiques: L'Eglise et le problème de la création," 69.

[311] François, *Laudato Si'*, n°33.

[312] Shannon Jung, *We Are Home: A Spirituality of the Environment* (Mahwah, J.J. : Paulist, 1993), 67. La citation originale se présente comme suit: "We are not so much at home on earth as we are home as earth."

contraires à ceux évoqués plus haut. »[313] Tout ceci prouve à Nash qu'on ne peut dissocier l'intégrité de la création des considérations morales dont elle a besoin pour accorder à la création sa valeur spirituelle essentielle. Nash propose sept possibles orientations morales[314] qui vont de pair avec l'intégrité de la création. Ces orientations sont en fait des normes éthiques auxquelles il faut se référer pour arriver à 'un respect de la vie et au bien commun écosocial'.[315] Ces normes éthiques ne sont pas des valeurs morales absolues mais plutôt des sortes de guide dans la concrétisation de ce à quoi l'intégrité de la création fait référence. La septième et dernière norme éthique que Nash propose rejoint parfaitement et très clairement les aspirations du Conseil Œcuménique des églises qui insiste sur la place et le rôle que chaque créature doit pouvoir occuper dans la création. L'homme a une place qui est la sienne. Il ne doit pas se servir de cette place pour faire de l'ombre aux créatures qui ont également un rôle important à jouer dans l'espace de la création. Nash soutient la notion d'inter-équilibre qui doit consister à mettre à la place qui est la sienne chaque créature. Depuis les origines, chaque créature est appelée à jouer un rôle précis; ceci doit se faire dans la cohérence la plus absolue. Ne pas respecter cette chronologie, c'est contribuer à la dégradation à laquelle l'environnement est assujetti. Ceci rejoint parfaitement l'affirmation que Hans Jonas a emprunté à Emmanuel Kant: « Comporte-toi de telle manière que tes actions soient toujours en harmonie avec la nature et la vie humaine sur terre. »[316]

2.7.4 La théologie de l'environnement comme théologie de la sobriété

Nous voulons ici assimiler la théologie de la sobriété au concept de patriotisme de la terre. C'est à un véritable patriotisme de la terre que tous les êtres humains sont conviés. Il s'agit d'un patriotisme relativement organisé et doué de sens, lié à l'intégrité de la création. Pour cela, il faut se comporter comme si tout allait s'arrêter demain, de s'engager de manière à laisser un environnement sain à ceux qui en auront besoin demain. « Prends soin de la nature comme si tu avais des milliers d'années à vivre, mais en même temps travailles comme si tu savais que demain devrait être ton dernier jour. »[317]

---

[313] Aldo Leopold, *A Sand County Almanac* (New York: Ballantine, 1970), 262.

[314] Telles se présentent les normes éthiques auxquelles Nash fait appel :
1-The right to participate in the natural dynamics of existence.
2-The right to healthy and whole habitats.
3-The right to reproduce their own kind without humanly-induced chemical radioactive, hybridized or bioengineered aberrations.
4-The right to fulfill their evolutionary potential with freedom from human induced-extinctions.
5-The right to freedom from human cruelty, flagrant abuse, or profligate use.
6-The right to reparations or restitution through managerial interventions to restore a semblance of natural conditions disrupted by human abuse.
7-The right to a 'fair share' of the goods necessary for individuals and species.
Voir James Nash, "Biotic Rights and Human Ecological Responsibilities," *Annual of the Society of Christian Ethics* (1993): 154-157.

[315] Rasmussen, *Earth Community, Earth Ethics*, 109.

[316] Jonas, "Social Ecology: Poverty and Misery," in David G. Hallman (ed.), *Ecotheology: Voices from South and North* (Maryknoll, N.Y.: Orbis Books, 1994), 244.

[317] C'est une citation qui est généralement attribuée à Ann Lee et qui a été reprise par Wendell Berry dans *Sex, Economy, Freedom and Community* (New York: Pantheon, 1992), 111.

La sobriété à laquelle nous faisons référence ici, a une saveur d'engagement, de prise de position théorique et pratique. S'impliquer, y mettre du sien, c'est donner des couleurs à une théologie de l'environnement longtemps cantonnée dans les théories et les papiers. C'est une théologie qui se veut réelle et pratique sur le terrain. C'est une théologie de la sobriété.
La théologie de l'environnement s'apparente à une théologie de l'action: non pas une action pour l'action, mais une action en faveur de la planète et de toutes les espèces qui y demeurent. C'est une théologie de l'Implication qui est partie prenante de la théologie de la justice climatique. Elle y est attachée et fait partie intégrante de son processus d'authentification.

2.7.4.1 La sobriété à laquelle l'Eglise doit s'atteler

Elle est finie la période des grandes théories décrites et encensées dans la doctrine sociale de l'Eglise. L'heure n'est plus à la contemplation passive, aux réunions et discours interminables. Il faut s'impliquer: c'est-à-dire, il faut agir. Agir vite et bien. La doctrine sociale de l'Eglise a bénéficié de suffisamment de temps pour se mettre en place et se faire connaître. Depuis 1891[318] qu'elle s'est mise en route avec *Rerum Novarum*, elle a bénéficié d'une période de grâce assez large. Le fossé qui a éloigné la doctrine sociale de l'Eglise des réalités quotidiennes de ses adeptes a été toléré durant plusieurs décennies. Il faut traduire dans les actes et sur le terrain la pensée de l'Eglise. La doctrine sociale de l'Eglise doit s'incarner et prendre forme. Il faut que cette doctrine s'enracine dans les expériences tant chrétiennes que sociales auxquelles ses membres sont confrontés. Autrement, c'est un enseignement qui aura l'air de divaguer et de ne pas rejoindre les gens dans leurs préoccupations et aspirations de tous les jours.

Si l'Eglise veut encore être crédible, elle se doit de prendre le flambeau de la bataille dans le débat sur la chose climatique. C'est ce que des milliers de fidèles attendent d'elle. Lier la parole à l'acte.

2.7.4.2 La sobriété des leaders religieux et spirituels

Lier la parole à l'acte ne consiste pas à entreprendre de grands bouleversements qui occasionneraient des dépenses financières énormes. C'est une prise de conscience dont il s'agit. Cette prise de conscience consiste à agir humblement et simplement à partir de son environnement de vie. C'est à de petits actes comme, la présence d'un jardin au Vatican[319] que nous voulons faire référence. Donner l'exemple en agissant là où l'on vit, dans sa

[318] Certains auteurs fixent les fondements de la doctrine sociale de l'Eglise bien avant cette date (1891). Johan Verstraeten fait partie de ce courant. Pour lui, en effet, l'Eglise n'a pas attendu cette période pour s'exprimer sur des questions d'ordre social ou autres. Même si *Rerum Novarum* peut être considéré comme le point de départ de la doctrine sociale officielle de l'Eglise, la doctrine sociale quant à elle, a été mise en marche bien avant la fin du XIXe siècle. Si l'Eglise se prononce de manière rigoureuse et ferme sur les droits des travailleurs et des ouvriers en 1891, c'est parce qu'elle se rend compte qu'il y a de nombreux abus et injustices. Et c'est ainsi que l'Eglise a fonctionné à travers les siècles. Bien avant, c'est contre les hérésies que l'Eglise a dû faire face. Tout cela, constitue sa doctrine qui a existé bien avant 1891. Cf. Johan Verstraeten, *Christian Social Traditions and Societies course document* 2010-2011 (Unpublished course notes, K.U.Leuven 2011).

[319] Lire à ce propos, "Le Vatican, un modèle écologique européen d'ici 2020," disponible sur http://www.vivez-nature.com/agriculture-biologique/etat-cite-Vatican.html, consulté le 26 avril 2011.

résidence privée: montrer que l'espoir est possible malgré la corruption et la dégradation de notre environnement. Montrer que quelque chose peut être fait pour éviter un naufrage total et complet de la planète. Si seulement chaque leader spirituel ou religieux pouvait avoir un jardin dans sa résidence, cela serait un signal fort lancé à tous les fidèles et aussi au monde politique qui hésite à prendre des décisions de grande envergure et qui ne veut pas s'impliquer.

S'impliquer commence d'abord par: prendre le moins possible son véhicule privé surtout pour faire de petites distances; prendre l'avion quand cela est absolument nécessaire; réduire l'usage inutile de l'eau et de l'énergie, consommer le plus possible naturellement, etc.

La plupart des conférences épiscopales à travers le monde ont écrit de belles lettres pastorales relatives à l'assainissement de l'environnement,[320] nous regrettons le fait que très peu d'évêques arrivent à s'impliquer totalement dans leurs diocèses pour envoyer des signaux forts d'une vie environnementale saine. Pourquoi chaque évêque n'aurait-il pas un petit jardin dans son évêché par exemple? Faire usage des panneaux solaires par exemple ? Ceci n'est qu'un exemple parmi tant d'autres: il revient à chaque leader religieux de choisir un acte qui aura le plus d'impact dans son territoire ecclésial.

La sobriété recourt à une vie de simplicité basée sur des valeurs d'humilité, de respect et de coopération. Cette sobriété peut contribuer à rendre l'homme plus mesuré dans l'exploitation et l'usage qu'il fait des ressources mises à sa disposition. Il s'agit de vivre simplement et dignement, aussi bien extérieurement qu'intérieurement.[321] « Il s'agit de prendre en compte la réalité d'un monde limité et fini, combattre l'indifférence et la résignation. Se mobiliser non pas pour accentuer nos richesses, mais pour rendre le monde plus fraternel. »[322]

2.7.4.3 La sobriété exigée de Tous

Une fois que les leaders religieux et spirituels auront ouvert la voie, l'implication de la communauté terre se fera sans aucun ambage.

Ces petits actes, de milliers de femmes et d'hommes de bonne volonté le posent chaque jour, mais ils ne marquent pas les esprits en raison de leur anonymat. Avec le support des hommes d'Eglise à leurs côtés, ces milliers d'anonymes trouveront bien la force et le courage d'embarquer la communauté terre tout entière dans le projet d'assainir l'environnement et de lui accorder le respect dû. La communauté Terre a besoin du soutien des hommes d'Eglise et des hommes politiques pour tirer la terre du marasme

---

[320] On peut citer comme exemple ici, La conférence des évêques catholiques du Canada, "Notre rapport à l'environnement: le besoin d'une conversion," *La Documentation Catholique* n° 2400 du 20 avril 2008, 17-18; Conférence des évêques de l'Amazonie péruvienne, "L'Amazonie, l'un des plus beaux cadeaux de Dieu," *La Documentation Catholique* n°2437 du 3 janvier 2010, 28; Conférence épiscopale d'Irlande, "Le cri de la terre," *La Documentation Catholique* n°2437 du 3 janvier 2010, 29; Conférence des évêques suisses, " Création et évolution: une complémentarité mutuelle," *La Documentation Catholique* n°2420 du 15 mars 2009, 287.

[321] Serge Mongeau, *La simplicité volontaire plus que jamais...* (Montréal: Editions Ecosociété, 1983), 29. L'expression de simplicité volontaire est évoquée par Pierre Rabhi pour valoriser une vie morale et éthique imbue de simplicité et de pauvreté désirée. Pauvreté désirée consiste à ne pas s'enfermer dans une société de consommation dans laquelle la plupart des humains ont choisi d'adopter. Mais il s'agit de s'atteler à vivre une vie où la consommation du strict nécessaire est requise. Voir Pierre Rabhi, *Manifeste pour la Terre et l'Humanisme, Pour une insurrection des consciences* (Arles: Editions Actes Sud, 2008), 78-79.

[322] Stenger & Billet, « *Laudato Si'* : événement ecclésial et mondial, » 16.

environnemental dans lequel elle est plongée. Les leaders peuvent être ce déclic qui pourrait débloquer les horizons bouchés. Même le peuple d'Israël, en esclavage en Egypte, a eu besoin d'un déclic pour commencer sa marche de l'espérance vers la terre promise.[323]

Au-delà d'une sobriété ordinaire, c'est à une sobriété heureuse que Pierre Rabhi invite la communauté Terre. Ce n'est pas une sobriété qui consiste simplement en une privation physique, mais elle consiste à atteindre des paramètres métaphysiques et épistémologiques pour arriver à un réel dépassement.

Etant donné que le changement climatique a atteint une phase critique, l'être humain n'a pas d'autres choix que de transcender ses contraintes physiques pour arriver à une perception réellement profonde du phénomène dans lequel la terre entière est prisonnière. La sobriété heureuse recommande des attitudes éthiques et morales sans lesquelles le changement climatique continuera de narguer toute la communauté Terre.[324]

Le pape François fait de la sobriété un élément important dans la tentative de résolution de la crise écologique. Si elle est combinée à l'humilité, les possibilités de faire face au changement climatique deviennent beaucoup plus sérieuses.

> La sobriété, qui est vécue avec liberté et de manière consciente, est libératrice. Ce n'est pas moins de vie, ce n'est pas une basse intensité de vie mais tout le contraire [...]On peut vivre intensément avec peu, surtout quand on est capable d'apprécier d'autres plaisirs et qu'on trouve satisfaction dans les rencontres fraternelles, dans le service, dans le déploiement de ses charismes, dans la musique et l'art, dans le contact avec la nature, dans la prière. Le bonheur requiert de savoir limiter certains besoins qui nous abrutissent, en nous rendant ainsi disponibles aux multiples possibilités qu'offre la vie.[325]

Il évoque une sobriété vécue dans la liberté et la conscience mesurée peut être une source de délivrance et de libération à l'égard de l'emprise que le matériel peut avoir sur l'humain.

Conclusion

Une théologie du changement climatique appelle à considérer la manière à travers laquelle les théologiens et l'église abordent le problème du changement climatique. Une insistance est mise sur l'ordre de la création dans lequel l'homme est appelé à coopérer et à collaborer avec le créateur et avec les autres espèces issues de la création.

Les concepts de stewardship et de co-création rappellent que la création est avant tout une dynamique dans laquelle doivent s'insérer toutes les créatures de la terre, vivantes et non-vivantes pour une relation harmonieuse et digne. C'est à partir de cette instance que peut être développée une théologie de la justice climatique qui requiert des rapports de respect dans la manière dont l'homme aborde la nature, mais aussi et surtout dans la manière dont il traite l'autre qui a aussi le droit de faire usage des biens communs mis à la disposition de tous. Cette théologie de la justice climatique s'immisce de manière singulière dans les relations tant

---

[323] Ex 1, 1-15. 21.
[324] Rabhi, *Vers la sobriété heureuse* (Arles: Editions Actes Sud, 2010), 46.
[325] François, *Laudato Si'*, n°223.

sociales qu'économiques qu'entretiennent les pays riches et les pays pauvres. Sont-ce des relations imbues de dignité et d'égalité, ou sont-ce des rapports de dominants à dominés?[326]

Le concept de solidarité, dans le contexte du changement climatique, invite l'humanité entière à prendre ses responsabilités quant à la tournure que prendront les événements actuels dans le futur par rapport aux générations qui viendront plus tard. Cette solidarité est beaucoup plus « un programme d'avenir qu'une mesure de sauvetage. »[327] La planète terre est confrontée à une sérieuse et délicate situation: "l'altération de l'environnement, la détérioration du climat par-dessus les frontières, l'accélération de la consommation et le dérèglement des cycles naturels et ancestraux";[328] cette situation nécessite que soient pris en compte les différents domaines qui régissent la vie de la planète: le social, l'économique, le culturel, le spirituel et le matériel. « D'où la nécessité de revisiter des écologies sociales, de participation, d'éthique globale qui ne peuvent être développées que dans le contexte de l'intégrité de la création car "notre relation avec la création doit refléter notre relation avec Dieu. »[329] Il nous faut établir une interaction réciproque et collaborative avec toutes les créatures présentes sur la planète car de leur existence dépend la notre et vice-versa. La formule lapidaire de John Chrissavgis est assez pitoyable: « celui qui n'aime pas les arbres n'aime pas les hommes; celui qui n'aime pas les arbres, n'aime pas Dieu. »[330]

---

[326] Voir Drew Christiansen, "Moral Theology, Ecology, Justice and development," in Carol S. Robb & Carl J. Casebolt (eds.), *Covenant for a New Creation. Ethics, Religion and Public Policy* (Maryknoll, N.Y.: Orbis Books, 1991), 251-271.

[327] Conférence des évêques de France, *La création au risque de l'environnement*, 8.

[328] Conférence des évêques de France, *La création au risque de l'environnement*, 31.

[329] Maria A. Aguado, "Mission Spirituality and Care for Creation: An Introduction," *International Review of Mission*, 177.

[330] John Chrissavgis, "Icons, Liturgy, Saints: Ecological insights from Orthodox spirituality," 188.

CONCLUSION GÉNÉRALE

Johan Rockström, un chercheur suédois et professeur de Management en ressources naturelles, a démontré que le retard accumulé par l'humanité par rapport au changement climatique ne sera plus jamais rattrapé. Il apporte la preuve selon laquelle l'humanité ne vit plus désormais dans un espace sécurisé car la limite concernant les effets nocifs du changement climatique a été largement dépassée. D'après ses recherches, la concentration du dioxyde de carbone dans l'atmosphère atteignait les 280 ppm (partie par million) il y a 20 ans. La norme requise pour la concentration du dioxyde de carbone dans l'atmosphère ne devrait pas dépasser les 350 ppm. Or il s'avère que cette concentration a déjà atteint les 387 ppm et elle continue de progresser et pourrait atteindre les 400 jusqu'à 600 ppm.[331] Ceci montre avec clarté la situation critique dans laquelle la planète entière se trouve.

Le problème de la croissance démographique mondiale pose la question du développement durable dans les pays pauvres et aussi celui de la justice climatique non seulement entre pays et nations mais aussi et surtout entre générations présentes et générations à venir. Dans notre travail, nous nous sommes attelés à démontrer que les générations présentes ont le devoir et l'obligation de léguer aux générations futures un environnement qui sera propice à leur épanouissement vital. Mais comme les futures générations n'existent pas encore, elles n'ont pas de droits à faire valoir. Cette affirmation est sensée mais elle n'enlève pas aux générations présentes l'obligation de penser au futur de la planète. C'est une question morale et aussi une question de justice et de droit. Il revient aux générations présentes de s'assurer une discipline aussi bien anthropologique que morale pour sauver ce qui reste du patrimoine global environnemental dont la planète a fortement besoin pour son équilibre géo-atmosphérique et biophysique.

Le changement climatique crée une interdépendance dont la planète entière ne pourra se départir. Les gaz à effet de serre émis dans un coin de la planète auront des répercussions tôt ou tard à un autre endroit de cette même planète. Ainsi donc, avec le changement climatique c'est la question de la responsabilité des pays émetteurs qui se pose avec acuité par rapport à ce bien public mondial qu'est l'environnement.[332] Ces pays émetteurs, pour la plupart, ont des ressources financières conséquentes pour faire face aux effets néfastes de la crise climatique. Les pays pauvres risquent donc de faire les frais d'une pollution dont ils ne sont pas entièrement responsables. C'est ici qu'intervient la question de la dette écologique[333] que nous avions évoqué dans notre travail. La dette écologique est un sujet sensible et très délicat qui divise encore les puissances économiques mondiales sur ses tenants et ses aboutissants. Une section spécifique est réservée au développement de ce sujet dans nos futures recherches. Autant la dette écologique reste un sujet qui ne fait pas encore l'unanimité,

---

331 Johan Rockström et al., "A safe operating space for humanity," *Nature* 461 (2009), 473.

332 I. Kaul, I. Grunberg, M. A. Stern, *Les biens publics à l'échelle mondiale: la coopération internationale au XXIème siècle*, (Oxford : Oxford University Press, 1999), 172. Voir aussi Charles Kindleberger, "International public goods without international government," *American Economic Review* 76 (1986), 22.

333 Gemma R. Cranston, "Ecological Debt: Exploring the Factors that Affect National Footprints," *Journal of Environment Policy & Planning* 12 (2010): 121-140.

autant cette question constitue la clé dans l'aide que pourraient recevoir les pays pauvres dans leur lutte contre le changement climatique et dans la perspective du développement durable.[334]

Le changement climatique impose à la planète entière de se mouvoir dans un mode de coopération sans lequel, les dégâts liés au changement climatique deviendront de plus en plus cruels et incontrôlés.

Pour que cette coopération ait lieu de manière effective et efficiente, il faut que le débat sur la responsabilité soit clairement étudié avec une transparence totale. C'est la question éthique liée à l'écologie. Jean-Pierre Ribaut considère que l'éthique de l'écologie c'est avant tout la responsabilité de l'homme dans la sphère environnementale.[335] « Cette nouvelle éthique implique des sacrifices, un sens aigu de la solidarité. »[336] Cette responsabilité écologique et environnementale vise d'abord et avant tout à faire prendre conscience du danger réel que représente désormais le réchauffement climatique. Très peu aujourd'hui, s'hasardent encore à nier ce fait.[337] La responsabilité passe par une solidarité vraie qui se doit d'exprimer la sollicitude et une réelle coopération entre peuples, états et nations.

Il faut une coordination dans les actions qui doivent être prises pour arriver à contrecarrer le plus grand danger qui guette l'humanité entière. Le changement climatique représente une chance inouïe offerte à l'humanité toujours divisée, d'unir ces efforts pour une cause enfin commune. La réflexion du philosophe italien à ce sujet revêt une pertinence intellectuelle admirable: « il n'y a que de menaces globales de ce genre, reconnues et acceptées par tous qui pourront générer des forces capables de ramener l'humanité tout entière divisée en une seule et unique communauté politique. »[338]

D'un point de vue théologique, saisir pareille chance c'est d'abord assimiler le rapport ontologique qui lie à l'homme la création. Les différents récits de la création ont la noble tâche de mettre en valeur le caractère interdépendant duquel découlent les différentes espèces qui composent l'univers. Ces récits reconnaissent le rôle que joue le Créateur dans la sphère de la création, une création qu'il entend 'manager' en totale collaboration avec les créatures qu'il a créées. C'est de cette collaboration que va découler le *stewardship* humain que nous avons expliqué comme étant avant tout un service que l'homme doit rendre à la planète tout entière. Le 'multipliez-vous et dominez la terre' du récit narratif de la Genèse ne consiste pas à se 'jouer de Dieu', mais à mettre à chaque place les espèces de la planète de manière à ce qu'elles puissent chacune jouer leurs rôles et contribuer à maintenir l'équilibre spacio-géographique dont la planète a besoin. Il est davantage question de gestion et de collaboration que de domination dictatoriale. C'est dans cette perspective que se situe la notion de 'created co-creator' à travers laquelle l'homme perpétue l'œuvre de la création en s'inscrivant dans la perspective divine. Autrement dit, la création a été créée bonne, le devoir qu'il revient à l'homme est celui de s'assurer que la création poursuive sa marche dans cette orientation.

---

[334] Voir François Gemenne, *Géopolitique du changement climatique* (Paris: Armand Colin, 2009), 64.

[335] Voir Jean-Pierre Ribaut, "La responsabilité chrétienne face à l'environnement," *Ethique* 13, n°3 (1994): 76-85.

[336] Ribaut, "La responsabilité chrétienne face à l'environnement," 83.

[337] En France, Claude Allègre et Vincent Courtillot font encore partie de la branche qui renie l'existence scientifique du changement climatique. Voir à ce propos, Claude Allègre, *L'Imposture climatique* (Paris: Plon, 2010) et Vincent Courtillot, *Nouveau voyage au centre de la Terre* (Paris: Odile Jacob, 2009).

[338] Furio Cerutti, "Le réchauffement de la planète et les générations futures," *Pouvoirs* 127 (2008), 108.

La théologie de la création remet en exergue la question de la solidarité dans la sphère de la crise climatique. C'est dans cette optique que la doctrine sociale de l'Eglise met un accent particulier sur la doctrine de la destination universelle des biens. Ce principe, qui n'est pas directement lié au changement climatique, peut aider à une reconsidération tant morale que matérielle des biens mis à la disposition de l'humanité. Ceci requiert un engagement effectif de l'Eglise dans l'approche de la question climatique. Une implication concrète avec des actes bien précis sont des signes que la communauté internationale espère que l'Eglise donnera des signes forts et évidents pour, peut-être, amorcer un éveil total de la conscience par rapport au climat. Cette tâche ne revient pas à l'Eglise seule, mais elle fait partie de certaines de ses prérogatives. Des hommes de science comme Jacques Blamont, astronaute et géophysicien français, reste convaincu que s'il y a un signal fort qui vient des églises, une bonne partie de la communauté croyante mondiale pourrait se mettre à la suite de celles-ci pour défier la crise climatique. Jacques Blamont, pourtant athée, explique que la culture de la modération que les églises prêchent peut aider à résorber la crise climatique. Il faut des signaux forts. Ces signaux forts passent par des petits gestes, comme avoir son petit jardin dans un coin de son domicile et faire des petits gestes en direction de la préservation de l'énergie: éteindre sa lampe ou son poste récepteur quand on est absent de chez soi…

La complexité de la crise climatique que traverse l'humanité entière, exige du temps et de la patience que l'humanité devra trouver pour vaincre ce phénomène. Les enjeux fondamentaux de notre approche aux différents biens que la planète offre seront d'une importance capitale.

BIBLIOGRAPHIE

LIVRES-OUVRAGES

Abel, Olivier, ed. *Éthique et Changement Climatique.* Paris: Le Pommier Collection "Essais-Documents", 2009.

Aigrain, Philippe. *Cause Commune: L'Information entre Bien Commun et Propriété.* Paris: Fayard, 2005.

Alberigo, Giuseppe . *Histoire du Concile Vatican II, 1959–1965.* Paris: Cerf, 1997.

Allègre, Claude. *L'Imposture climatique.* Paris: Plon, 2010.

André, Vincent. *La doctrine sociale de Jean-Paul II.* Paris: Éditions France-Empire, 1983.

Aquin d', Thomas. *Somme Théologique,* 4 Vol. Traduction de Marie-Joseph Nicolas. Paris: Le Cerf, 1984.

Aristote. *Politique.* Traduction française Pierre Pellegrin. Paris: Plon, 1928

------------- *Éthique à Nicomaque.* Traduction Pierre Pellegrin. Paris: Flammarion, coll. « Gf, n° 947 », 1997

------------ *Les Politiques.* Traduction de Pierre Pellegrin. Paris : Flammarion, coll. « Gf, n° 490 », 1999.

Arnould, Jacques. & Blamont, Jacques. *"Lève-toi et marche." Propositions pour un futur de l'humanité.* Paris: Odile Jacob, 2009.

Arrhenius, Svante, ed. *Sur les origines de l'effet de serre et du changement climatique.* Préface et Traduction de Edouard Bard et de Jérôme Chappellaz. Montreuil: La ville brûle, 2010.

Attfield, Robin. *Environmental Ethics.* Malden: Blackwell Publishing, 1988.

Atkinson, David. *Renewing the Face of the Earth, A Theological Pastoral Response to Climate Change.* London: Canterbury Press Norwich, 2008.

Augustin, *La Cité de Dieu, Livres I-V. Impuissance sociale du paganisme.* Texte de la 4ème édition de B. Dombart et A. Kalb. Introduction et Notes par G. Bardy. Traduction française de G. Combès. Paris : Desclée de Brouwer, 1959.

Badiner, Allan H., ed. *Dharma Gaia: A Harvest of Essays in Buddhism and Ecology.* Berkeley, Calif.: Parallax Press, 1990.

Bastaire, Jean. *Le salut de la création. Essai d'écologie chrétienne.* Paris: DDB, 1996.

Bastaire, Hélène & Jean. *Pour une écologie chrétienne.* Paris: Cerf, 2004.

Benedict XVI. *Caritas in Veritate.* Vatican City: Libreria Editrice Vaticana, 2009.

Berry, Wendell . *The Gift of Good Land.* San Francisco: North Point Press, 1981.

-------------------. *A Place on Earth.* Boston: Harcourt Brace, 1967.

-----------------. *Sex, Economy, Freedom and Community.* New York: Pantheon, 1992.

Bigo, Pierre. *La doctrine sociale de l'Église.* Paris: Presses Universitaires de France, 1966.

Boff, Leonardo & Clovis Boff. *Salvation and Liberation.* Maryknoll, N.Y.: Orbis Books, 1984.

Bonhoeffer, Dietrich. *Creation and Fall: A Theological Interpretation of Genesis 1 – 3.* London: SCM Press, 1959.

Bouma-Prediger, Steven. *The Greening of Theology. The Ecological Models of Rosemary Radford Ruether, Joseph Sittler and Jürgen Moltmann.* Atlanta: School Press, 1995.

Bozonnet, Jean-Paul & Jakubec, Joël. *L'écologisme à l'aube du XXIème siècle. De la rupture à la banalisation?* Paris: Georg, Coll. « Stratégies énergétiques, » 2000.

Broswimmer, Franz J. *Écocide: Une brève histoire de l'extinction en masse des espèces.* Traduction de Thierry Vanès. Paris: Éditions Parangon, 2003.

Brown-Weiss, Edith. *In Fairness to Future Generations. In Fairness to Future Generations: International Law, Common Patrimony, and Intergenerational Equity.* New York: Transnational Publishers, Dobbs Ferry, 1989.

Brüggeman, Walter. *The Theology of the Book of Jeremiah.* Cambridge: Cambridge University Press, 2007.

Bulgakov, Sergei. *Towards a Russian Political Theology.* Edinburgh: T. & T. Clark, 1999.

Carmody, John. *Ecology and Religion. Toward a New Christian Theology of Nature.* New York/Ramsey: Paulist Press, 1983.

Chardin de, Pierre T. *The Phenomenon of Man.* New York: Harper, 1959.

Christiansen, Drew. & Grazier, Walter. *"And God Saw That It Was Good" Catholic Theology and the Environment.* Washington D.C.: United States Catholic Conference, 1996.

Collectif Paroles de chrétiens sur l'écologie, *Pour un engagement écologique : Simplicté et Justice.* Nantes: Parole et Silence, 2014.

Commission Européenne. *Livret vert: Le programme du changement climatique européen, l'union européenne contre le changement climatique.* Bruxelles: Commission Européenne, 2008.

Commoner, Barry . *The Closing Circle.* New York: The New Bantam Books, 1972.

Conférence des Églises Européennes & Conseil des Conférences Épiscopales Européennes, *Paix et Justice pour la Création Entière. Document du Rassemblement Œcuménique Européen "Paix et Justice" 15-21 mai 1989 à Bâle.* Paris: Cerf, 1989.

Conférence des Évêques de France. *La création au risque de l'environnement.* Paris: Bayard, Fleurus-Mame, Cerf, 2008.

Conseil Pontifical Justice et Paix. *Compendium de la Doctrine Sociale de l'Église.* Citta del Vaticana: Libreria Editrice Vaticana, 2005.

Constantin, François. *Les biens publics mondiaux.* Paris: L'Harmattan, 2000.

Coste, René. *Dieu et l'Écologie. Environnement, Théologie, Spiritualité.* Paris: Les Éditions de l'Atelier/Éditions Ouvrières, 1994.

Coste, René. & Ribaut, Jean-Pierre (sous la dir. de). *Sauvegarde et Gérance de la Création.* Paris: Desclée, 1991.

Courtillot, Vincent . *Nouveau voyage au centre de la Terre.* Paris: Odile Jacob, 2009.

Curran, Charles E. *Catholic Social Teaching. A Historical, Theological and Ethical Analysis, 1891-Present.* Washington D.C.: Georgetown University Press, 2008.

Curry, Patrick. *Ecological Ethics: An Introduction.* Cambridge: Polity Press, 2006.

Dalton, Anne Marie. *A Theology for the Earth. The Contributions of Thomas Berry and Bernard Lonergan.* Ottawa: Ottawa University Press, 1999.

Darby, Kathleen R. *Theology that matters. Ecology, Economy and God.* Minneapolis: Fortress Press, 2006.

Delmas-Goyon, François. *Saint François d'Assise, le frère de toute créature.* Paris: Parole et Silence, École Cathédrale, 2008.

Deneulin, Sévérine, et al. *Transforming Unjust Structures: The Capability Approach.* Dordrecht: Springer, 2006.

Descartes, René. *Discours de la méthode.* Paris: Vrin, 1970.

De Tavernier, Johan. "Which responsibilities for future generations?" in Johan De Tavernier et al., *Responsibility, God, and Society: Theological Ethics in dialogue: Festschrift, Roger Burggraeve.* Leuven: Peeters, 2008, 213-232.

Devall, Bill. & Sessions, George. *Deep Ecology: Living as if Nature Mattered.* Salt Lake City: Peregrine Smith Books, 1985.

Desbonnets, Théophile. & Vorreux, Damien. *Saint François d'Assise. Documents, Écrits de François et premières biographies.* Paris: Les Éditions Franciscaines, 1968.

Diéguez de, Manuel. *Rabelais par lui-même.* Paris: Éditions du Seuil, 1960.

Dobzhansky, Theodosius. *L'homme en évolution.* Paris: Flammarion, 1966.

Douglas, John H. *Être image de Dieu. Le stewardship de l'humain dans la création.* Traduit de l'anglais par Louis Vaillancourt avec la collaboration de Jean Desclos et Roland Galibois. Paris: Cerf, «collection Cogitatio Fidei » n° 258 ,1999.

Drees, Willem B., ed. *Technology, Trust, and Religion Roles of Religions in Controversies on Ecology and the Modification of Life.* Leiden: Leiden University Press, 2009.

Drouin, Jean-Marc. *Réinventer la Nature, L'Écologie et son Histoire.* Préface de Michel Serres de l'Académie Française. Paris: Desclée de Brouwer, 1991.

Dubos, René. *Wooing the Earth.* New York: Scribner's Sons, 1980.

---------------. *A God Within.* New York: Charles Scribner's Sons, 1972.

Fern, Richard L. *Nature, God and Humanity. Envisioning an Ethics of Nature.* Cambridge: Cambridge University Press, 2002.

Fessard, Gaston. *Autorité et bien commun.* Paris: Aubier-Montaigne, 1944.

Feuillet, Michel. *Les visages de François d'Assise, l'iconographie franciscaine des origines, 1226-1282.* Paris: Desclée de Brouwer, 1997.

Fischer, Edward. *Everybody steals from God. Communication as Worship.* London: University of Notre Dame Press, 1977.

Fleming, James R. *The Callendar Effect: The life and work of Guy Stewart Callendar (1898-1964), the scientist who established the carbon dioxide theory of climate change.* Boston: American Meteorological Society, 2007.

François. *Lettre Encyclique Laudato Si'. Sur la sauvegarde de la maison commune.* Namur: Fidélité, 2015.

Ganne, Pierre. *La création.* Paris: Cerf 'Dossiers Libres', 1979.

Ganoczy, Alexandre. *Théologie de la nature.* Traduit de l'allemand par Joseph Doré et Chantal Flamant. Paris: Desclée de Brouwer, 1988.

Gavric, Anto. & Sienkiewicz, Grzegorz W., éds. *État et Bien Commun. Perspectives historiques et enjeux éthico-politiques, Colloque en hommage à Roger Berthouzoz.* Berne: Editions Peter Lang, 2008.

Gaukroger, Stephen. *Francis Bacon and the Transformation of Early Modern-Philosophy.* Cambridge: Cambridge University Press, 2001.

Gemenne, François. *Géopolitique du changement climatique.* Paris: Armand Colin, 2009.

Gesche, Adolphe. *Dieu pour penser, IV. Le cosmos.* Paris: Cerf, 1994.

Gestel van, Cornelius. *La Doctrine Sociale de l'Église.* 3è édition, revue et augmentée. Paris: Office Général du Livre, 1963.

Giddens, Anthony. *The Politics of Climate Change.* Cambridge: Polity Press, 2009.

GIEC. *Changements climatiques 2007. Rapport de Synthèse. Un rapport du Groupe d'experts intergouvernemental sur l'évolution du climat.* New York: Publications du GIEC, 2007.

-----------. *Bilan 2001 des changements climatiques.* New York: Publications du GIEC, 2001.

Gilson, Etienne. *La philosophie de saint Bonaventure.* Paris: Vrin, 1953.

Gosseries, Axel. *Penser la justice entre les générations. De l'affaire de Perruche à la réforme des retraites.* Paris: Flammarion, 2004.

Griffin, James M. *Global Climate Change, The Science, Economics and Politics.* Cheltenham: Edward Elgar Publishing Limited, 2003.

Guattari, Félix. *Les trois écologies.* Paris: Galilée, 1989.

Guery, Emile-Maurice. *La Doctrine Sociale de l'Église. Son Actualité, ses dimensions, son Rayonnement. Lettre Pastorale au Clergé et aux militants de son diocèse.* Paris: Bonne Presse, 1957.

Guiraud, Claude. *Les chemins du Sabbat.* Paris: L'Harmattan, 2002.

Hallman, David G. *Ecotheology. Voices from South and North.* Maryknoll, N.Y.: Orbis Books, 1994.

Hardt, Michael & Antonio Negri. *Empire.* Cambridge: Harvard University Press, 2000.

Hauerwas, Stanley. *After Christendom: How the Church is to behave if freedom, justice, and a Christian nation are bad ideas.* Nashville: Abingdon Press, 1991.

Head, John G. *Public Goods and Public Welfare.* Durkham: Duke University Press, 1974.

Heschel, Abraham. *The Sabbath: Its meaning for Modern man.* New York: Farrer, Strauss and Giroux, 1951.

Hervieu-Léger, Danièle, (sous la dir. de). *Religion et Écologie.* Paris: Cerf, 1993.

Hill Brennan R., *Christian Faith and the Environment. Making vital connections.* Maryknoll, N.Y.: Orbis Books, 1998.

Hollenbach, David. *Nuclear Ethics. A Christian Moral Argument.* New York: Paulist Press, 1983.

--------------------- *The Common Good and Christian Ethics. New Studies in Christian Ethics.* Cambridge: Cambridge University Press, 2002.

Hooykaas, Reijer . *Religion and the Rise of Modern Science.* Grand Rapids: Eerdmans, 1972.

Hottois, Gilbert, éd. *Nouvelle encyclopédie de bioéthique : médecine, environnement, biotechnologie.* Bruxelles: De Boeck Université 2001.

Jean-Paul II. *Redemptor Hominis.* Vatican City: Libreria Editrice Vaticana, 1979.

---------------- *Sollicitudo rei socialis.* Citta del Vaticana: Libreria Editrice Vaticana, 1998.

---------------- *Centesimus Annus.* Vatican City: Libreria Editrice Vaticana, 1991.

----------------. *Catechism of the Catholic Church.* Citta del Vaticana: Libreria Editrice Vaticana, 1993.

Jonas, Hans. *Le principe responsabilité. Une éthique pour la civilisation technologique* (1979). Traduction française. Paris: Editions du 1990.

Kaul, Inge, et al. *Global Public Goods. International Cooperation in the 21st Century.* Oxford: Oxford University Press, 1999.

Kant, Emmanuel. *Critique de la Raison Pure.* Traduction de Pierre Lachièze-Rey. Paris: PUF, 1967.

--------------------- *Critique du jugement* (1790). Traduit de l'allemand par A. Philonenko. Paris: Vrin, 1965.

Kellog, William W. & Mead, Margaret, eds. *The Atmosphere: endangered and endangering.* Washington: Forgaty Int'l, 1977.

Keenan, Marjorie S. *From Stockholm to Johannesburg, an historical overview of the concern of the Holy See for the environment 1972-2002.* Vatican City: Libreria Editrice Vaticana, 2002.

Kehl, Medard. *"Et Dieu vit que cela était bon."* Paris, Cerf, "Cogitatio fidei", 2009.

King, Alexander. & Schneider, Bertrand. *Questions de survie. La révolution mondiale a commencé.* Paris: Calmann-Lévy, 1991.

Knight, Kelvin. *Aristotelian Philosophy: Ethics and Politics from Aristotle to MacIntyre.* Minneapolis: Polity Press, 2007.

Lachat, François. *Œuvres complètes de Bossuet.* Paris: Librairie de Louis Vivès Éditeur, 1862.

Leclerc, Eloi. *Le Cantique des Créatures ou les symboles de l'union, une analyse de François d'Assise.* Paris: Le Signe-Fayard, 1970.

Leopold, Aldo. *A Sound County Almanac and Sketches Here and There.* Illustrated by Charles W. Schwartz. Oxford: Oxford University Press, 1949.

Le Prestre, Philippe. *Protection de l'Environnement et relations internationales.* Paris: Armand Colin, 2ème édition, 2005.

Lovelock, James. *Gaia. A New Look at Life on Earth.* New York: Oxford University Press, 1979.

Malraux, André. *La mélodie secrète.* Paris: Fayard, 1988.

Margolin, Jean-Claude. *L'humanisme et l'Europe au temps de la Renaissance.* Paris: PUF, 1981.

Marguerat, Daniel. & Bourquin, Yvan. *Pour lire les récits bibliques. Initiation à l'analyse narrative.* Paris: Cerf, 1998.

Marx, Karl & Engels, Frederick. *The Communist Manifesto.* London: Penguin Classics, revised version, 1967.

McDonagh, Sean. *To Care for the Earth. A Call to a New Theology.* London: Geoffrey Chapman, 1986.

McFague, Sallie. *A New Climate for Theology: God, the World and Global Warming.* Minneapolis: Fortress, 2008.

-------------------- *The Body of God, An Ecological Theology*. Minneapolis: Fortress Press, 1993.

-------------------. *Super, Natural Christians. How We Should Love Nature.* Maryknoll N.Y.: Fortress Press, 1997.

Merritt, Jonathan. *Green Like God: Unlocking the Divine Plan for Our Planet.* Nashville: FaithWords, 2010.

Mesarovic, Mihajlo & Pestel, Eduard. *Stratégie pour demain. Deuxième Rapport au Club de Rome.* Paris: Éditions du Seuil, 1974.

Miller, Roger L. *Economic of Public Issues.* London: Harpercollins, 2005.

Mircéa, Eliade. *Traité d'histoire des religions*. Paris: Payot, 1964.

Moltmann, Jürgen . *Dieu dans la création. Traité écologique de la création.* Traduit de l'allemand par Morand Kleiber. Paris: Éditions du Cerf, Coll. « Cogitatio Fidei », 1988.

Mongeau, Serge. *La simplicité volontaire plus que jamais...* Montréal: Éditions Écosociété, 1983.

Mubabinge, Bilolo. *Contribution à l'histoire de la reconnaissance de Philosophie en Afrique Noire Traditionnelle.* Kinshasa: Facultés Catholiques de Kinshasa, 1978.

Nash, James A. *Loving Nature. Ecological Integrity and Christian Responsibility.* Nashville: Abingdon Press, 1991.

Nelson, Richard. *The Island Within.* New York: Random House, 1989.

Nolan, Albert. *God in South Africa: The Challenge of the Gospel.* Grand Rapids MI: Eerdmans, 1989.

Northcott, S. Michael. *A Moral Climate: the Ethics of Global Warming*. Maryknoll N.Y.: Orbis, 2007.

---------------------- *The Environment and Christian Ethics.* Cambridge: Cambridge University Press, 1999.

---------------------- *Diversity and Dominion: Dialogues in Ecology, Ethics, and Theology.* Portland, ON: Cascade Books, 2010.

Oelschlaeger, Max. *Care for Creation. An Ecumenical Approach to the Environmental Crisis.* New York: Yale University Press, 1994.

Paul VI. *Octogesima Adveniens.* Vatican City: Libreria Editrice Vaticana, 1971.

--------- *Populorum Progressio*. Citta del Vaticana: Libreria Editrice Vaticana, 1967.

Pelikan, Jaroslav. *The Christian Tradition, II*. Chicago: University of Chicago Press, 1974.

Perthuis de, Christian. *La génération future a-t-elle un avenir?* Paris: Belin-Collection Ulysse, 2003

Peters, Ted. *Playing God?: Genetic Determinism and Human Freedom.* London: Routledge, 2003.

------------------. *Sin, Radical Evil in Soul and Society.* Grand Rapids MI: Eerdmans, 1994.

Plato. *The Republic*. Translated by G.M.A. Grube. Indianapolis: Hackett, 1974.

Rabhi, Pierre. *Manifeste pour la Terre et l'Humanisme, Pour une insurrection des consciences*. Arles: Editions Actes Sud, 2008.

Rasmussen, Larry L. *Earth Community, Earth Ethics*. Geneva: WCC Publications, 1996.

Rawls, John. *La Théorie de la Justice.* Traduction de Collet Audard. Paris : Seuil, 1987.

Rousseau, Ronald W. *Human Dignity and the Common Good, the Great Papal Social Encyclicals from Leo XIII to John Paul II.* Westport CT: Greenwood Press, 2002.

Ruler van, Arnold A. *Verwachting en voltooiing: Een bundel theologische opstellen en voordrachten* . Nijkerk: Callenbach, 1978.

Sachs, Wolfgang, ed. *Fair Future. Resource Conflicts, Security and Global Justice.* Translated by Patrick Camiller. London: Zed Books, 2007.

Schäfer-Guignier, Otto. *Et demain la terre...* Genève: Labor et Fides, 1990.

Schmidt, Philippe. *Histoire de l'Ordre de Saint Benoît.* Tome I. Maredsous: Éditions de Maredsous, 1942.

Sleeth, Matthew. *The Gospel According to the Earth: Why the Good Book Is a Green Book?* New York: HarperOne, 2010.

Tomalin, Emma. *Biodivinity and Biodiversity. The Limits to Religious Environmentalism.* Leeds: Ashgate, 2009.

Tricot, Jules. *Aristote, La Politique.* Texte grec et traduction française. Paris: Vrin, 1962.

UNDP. *Human Development Report 2007/2008, Fighting climate change: Human solidarity in a divided world.* New York: UNDP Publications: 2008.

Vatican II. *Les seize documents conciliaires*. Préface d'André Naud. Edition revue et corrigée. Montréal : Fides, 2007.

Vauchez, André. *François d'Assise*. Paris: Fayard, 2009.

Wénin, André. *L'homme biblique. Lectures dans le premier Testament*. Paris: Cerf, 2009.

Whitehead, Alfred N. *Science and the Modern World*. New York: Macmillan, 1925.

Wicker, Brian. & van Iersel, Fred. *Humanitarian Intervention and the Pursuit of Justice, A Pax Christi Contribution to a Contemporary Debate.* Kampen: Pharos Cook, 1995.

ARTICLES

Aguado, Maria A. "Mission Spirituality and Care for Creation: An Introduction," *International Review of Mission* 99, n°2 (2010): 175-180.

Amador-Bella, Carlos. "Book Review: World Ethics and Climate Change: From International to Global Justice." *Ecological Economics* 70 (2010):134-135.

Andersen, Svend. "Can Bioethics Be Lutheran?" *Dialog: A Journal of Theology* 43, n°4 (2004): 312-318.

Arrhenius, Svente . " On the influence of carbonic acid in the air on the temperature on the ground." *Philosophical Magazine* 41 (1896): 237-242.

Beitone, Alain. "Biens publics, biens collectifs. Pour en finir avec une confusion de vocabulaire." *Revue du MAUSS permanente* 28 (2010): 22-26.

Bénard, J. "Économie publique." *Economica* 28 (1985): 28-34.

Benedict XVI. "The Human Family, a Community of Peace." *L'Osservatore Romano*, December 19/26 2007.

-------------------. "Si tu veux construire la paix, protège la création." *La Documentation Catholique,* n°2437 (2010): 2-8.

Bergson, Henri. "Les deux sources de la morale et de la religion." in *Œuvres* Paris : PUF, 1959, 1192.

Bernier, Aurélien. "Copenhague: Le sommet du Capitalisme Vert." *Le Journal des Alternatives* 12 (2009):12-14.

Benicourt, Emmanuelle . "La pauvreté selon le PNUD et la Banque Mondiale." *Études rurales* 159/160 (2001): 35-53.

Berry, Thomas. "The New Story." *Teilhard Studies* 1 (1978): 23-26.

Birch, Charles. "Christian Obligation for the Liberation of Nature." in Charles Birch, William Eakin & Jay McDaniel, eds., *Liberating Life: Contemporary Approaches to Ecological Theology*. Maryknoll, N.Y.: Orbis Books, 1990.

Blandin, Patrick. "L'Écologie à la rencontre de l'Éthique." *Éthique* 13, n°3 (1994): 47-53.

Boubag, Alain. "Climate Change: the Theological Approach of the Phenomenon." Unpublished Master's Thesis, Leuven: Faculty of Theology, K.U.Leuven, 2010.

Bozonnet, Jean-Paul. "De la conscience écologique aux pratiques. Pratiques domestiques et politiques environnementales à la lumière des théories du choix rationnel et des valeurs." *Actes du colloque* 'Environnement et Politiques,' Toulouse, CR23 AISL et CERTOP-CNRS (2007): 279-287.

Broecker, Wallace. "Changement climatique: Sommes nous au bord d'un réchauffement global prononcé?" *Science* 17 (1975): 18-19.

Brubaker, Earl R. "Free Ride, Free Revelation, or Golden Rule." *Journal of Law and Economics* 18 (1975): 147-161.

Bugg, Charles. "Stewardship." in *Holman Bible Dictionary*. Tennessee: Holman, 1991: 1303-1304.

Burress, David. "What Global Emission Regulations Should Corporations Support?" *Journal of Business Ethics* 60 (2005): 317-339.

Callendar, Guy S. "The Artificial Production of Carbon Dioxide and Its Influence on Temperature." *Quarterly Journal Royal Meteorological Society* 64 (1938): 223–240.

----------------------. "Can Carbon Dioxide Influence Climate?" *Weather* 4 (1949): 310–314.

Carbone, Maurizio. "Supporting or Resisting Global Public Goods? The Policy Dimension of a Contested Concept." *Global Governance* 13, n°2 (2007):179-198.

Carroll, John E., eds., *Embracing the Earth. Catholic Approaches to Ecology*. Maryknoll, N.Y.: Orbis Books, 1994, 163-173.

Cauley, Jon. & Todd, Sandler. "Public Goods Theory: Another Paradigm for Futures Research." *Futures* 6, n°5 (1974): 423-428.

CCNUCC. "Le Protocole de Kyoto à la Convention-cadre des Nations Unies sur les changements climatiques." art.3, §1. *Études de La Documentation française*, n° 5290-5291 (2009): 102-123.

Cerutti, Furio. "Le réchauffement de la planète et les générations futures." *Pouvoirs* 127 (2008) : 108.

Chalier, Catherine. "L'alliance avec la nature selon la tradition hébraïque." in Danièle Hervieu-Léger (sous la dir. de), *Religion et Écologie*. Paris: Cerf, 1993: 17-28.

Chaussade, Jean-Pierre. "Énergie et transports." in Marc Stenger, éd., *Planète Vie, Planète Mort, L'heure des choix*. Paris: Cerf, 2005, 71-82.

Chevallier, Marjolaine. "Aspects Théologiques: L'Église et le problème de la création." in René Coste & Jean-Pierre Ribaut (sous la dir. de), *Sauvegarde et Gérance de la Création*. Paris: Desclée, 1991, 55-72.

Chrissavgis, John. "Icons, Liturgy, Saints: Ecological insights from Orthodox Spirituality." *International Review Mission* 99, n°2 (2010): 181-189.

Christiansen, Drew. "Moral Theology, Ecology, Justice and development." in Carol S. Robb & Carl J. Casebolt, eds., *Covenant for a New Creation. Ethics, Religion and Public Policy*. Maryknoll, N.Y.: Orbis Books, 1991, 251-271.

Congleton, Roger D. "International Public Goods and Agency Problems in Treaty Organizations." *The Review of International Organizations* 1, n°4 (2006): 319-336.

Conradie, Ernst M. "Justice, Peace and Care for Creation: What is at Stake? Some South African perspectives." *International Review Mission* 99, n°2 (2010): 203-218.

Conférence des évêques catholiques du Canada. "Notre rapport à l'environnement: le besoin d'une conversion." *La Documentation Catholique,* n° 2400 (2008): 17-18.

Conférence des évêques de l'Amazonie péruvienne. "L'Amazonie, l'un des plus beaux cadeaux de Dieu." *La Documentation Catholique,* n°2437 (2010): 28.

Conférence des évêques suisses. "Création et évolution: une complémentarité mutuelle." *La Documentation Catholique,* n°2420 (2009): 287.

Conférence épiscopale d'Irlande. "Le cri de la terre." *La Documentation Catholique,* n°2437 (2010): 29.

Coste, René. "Aspects théologiques. La gérance de la création." in René Coste & Jean-Pierre Ribaut (sous la dir. de), *Sauvegarde et Gérance de la Création*. Paris: Desclée, 1991, 41-72.

Cowen, Tylen. "Public Goods Definitions and Their Institutional Context: A Critique of Public goods Theory." *Review of Social Economy* 43 (1985): 53-63.

Cranston, Gemma R. "Ecological Debt: Exploring the Factors that Affect National Footprints." *Journal of Environment Policy & Planning* 12 (2010): 121-140.

Cruchley-Jones, Peter. "'Converted and always converting': Transformational spirituality as metanoia." *International Review of Mission* 99, n°2 (2010): 190-202.

Dawson, Ashley . "Climate Justice: The Emerging Movement against Green Capitalism." *The South Atlantic Quarterly* 109 (2010): 313-338.

Deason, Gary. "Reformation theology and the Mechanistic conception of Nature." in David Lindberg & Ronald Numbers eds., *God and Nature: Historical Essays on the encounter between Christianity and Science*. Berkeley: California University Press, 1986, 167-191.

Deneulin, Sévérine. "Individual Well-being, Migration Remittances and the Common Good." *The European Journal of Development Research* 18 (2006): 45-58.

------------------------ "*Qu'est-ce qu'une approche sur le développement humain apprend sur la démocratie?*" *HDR Networks* 12 (2007): 38-42.

------------------------ "Public goods, global public goods and the common good." *International Journal of Social Economics* 34 (2007): 19-36.

Dewitt, Calvin. "The Good Steward." in Scott C. Sabin, *Tending To Eden: Environmental Stewardship for God's People.* New York: Judson, 2010.

Dumas, A. "Crise écologique et doctrine de la création. " *Recherches de Science Religieuse* 62, n°4 (1974): 573.

Dyrness, William. "Stewardship of the Earth in the Old Testament." in Wesley Granberg-Michaelson, ed., *Tending the Garden*. Grand Rapids: Eerdmans, 1987, 50-65.

Febvre, Lucien. "La Terre et l'Évolution Humaine: Introduction géographique à l'Histoire." in Georges Guille-Escuret, ed., *Les Sociétés et leurs natures*. Paris: Armand Colin, 1989.

Feeny, David, et al., "The tragedy of the Commons, twenty two years later." *Human Ecology* 18 (1990):1-19.

Fitoussi, Jean-Paul & Le Cacheux, Jacques. "L'Europe des biens publics - Manifeste pour une réforme de la constitution économique européenne," in Jean-Paul Fitoussi & Jacques Le Cacheux, eds., *L'état de l'Union européenne 2007*. Paris: Fayard/Presses de Sciences Po, 2007.

Folscheid, Dominique. "Pour une Philosophie de l'Écologie." *Éthique* 13, n°3 (1994):7-34.

Gibert, Pierre. " Principe d'écologie et idée de création. " *Lumière et Vie* 214 (1993): 82.

Gisel, Pierre. "Nature et Création selon la perspective chrétienne." in Danièle Hervieu-Léger, *Religion et Écologie*. Paris: Cerf, 1993, 29-46.

Godard, Olivier. "Y a-t-il une vie après Copenhague?" *Alternatives Economiques* 34 (2010): 12-13.

Greenpeace India. "Statement of concern on the Kyoto 2." *Science Magazine* 27 (2007): 22-28.

Haers, Jacques. "Les théologies de l'environnement comme processus d'ecclésiogenèse et de perception commune." *La Documentation Catholique*, n° 2437 (2010): 18-23.

Hardin, Garrett. "The Tragedy of the Commons." *Science* 162 (1968): 1243-1245.

Head, John G. & Shoup, Carl S. "Public Good, Private Good and Ambiguous Goods." *Economic Journal* 79 (1969): 567.

Heal, Geoffrey. "New strategies for the provision of global public goods: learning from international environmental challenges." in Inge Kaul (et al.), *Global Public Goods. International Cooperation in the 21st Century*. Oxford: Oxford University Press, 1999.

Hefner, Philip. "Can the Created Co-Created Be Lutheran? A Response to Svend Andersen." *Dialog: A Journal of Theology 44* (2005): 184-188.

Hermitte, Marie-Angèle. " La nature, sujet de droit?." *Annales. Histoire, Sciences sociales* 66, n°1 (2011): 173-212.

Hollenbach, David. "Notes on moral theology: Religion morality and politics." *Theological Studies* 49 (1988): 68-89.

--------------------- "Spécificité de la pensée sociale catholique et bien commun de l'humanité." in Jean-Yves Calvez & Anatole Krassikov, éds., *Église et société: un dialogue orthodoxe russe - catholique romain* . Paris: Les Éditions du Cerf, 1998.

Hummel, Jeffrey Rogers. "National Goods Versus Public Goods: Defense, Disarmament, and Free Riders." *The Review of Austrian Economics* 4 (1990): 88-122.

John Paul II. "Address to the UN Centre, Nairobi, Kenya, 18 August 1985." *L'Osservatore Romano*, September 2, 1985.

----------------. "Do not be overcome by evil, but overcome evil with God." *L'Osservatore Romano*, January 17, 2005.

----------------. "An ever timely commitment: Teaching Peace." *L'Osservatore Romano*, January 16, 2004.

----------------. "Peace with God, Peace with the Creator." *L'Osservatore Romano*, January 17, 1990.

----------------. "The Ecological Crisis: A Common Responsibility." in Drew Christiansen & Walter Grazer, *And God Saw That It Was Good*. Washington D.C.: United States Catholic Conference, 1996, 215-222.

----------------. "Lettre Apostolique *Tertio Millenio Adveniente*." in Marjorie Keenan, ed., *From Stockholm to Johannesburg, An Historical Overview of the Concern of the Holy See for the Environment 1972-2002*. Vatican City: Libreria Editrice Vaticana, 2002.

Jonas, Hans. "Social Ecology: Poverty and Misery." in David G. Hallman, ed., *Ecotheology: Voices from South and North*. Maryknoll, N.Y.: Orbis Books, 1994.

IUCN. "Pourquoi la biodiversité est-elle en crise?" *Eastern chimpanzee (Pan troglodytes schweinfurthii): status survey and conservation action plan 2010-2020*. Gland : IUCN Publications, 2008.

Kahn, Axel. "L'homme et la maîtrise du vivant" dans Thomas Ferenczi, sous la direction de, *Changer la Vie*. Le Mans : Forum Le Monde, 2000.

Kaul, Inge, et al. "Defining Global Public Goods." in Inge Kaul et al., *Global Public Goods. International Cooperation in the 21st Century*. Oxford: Oxford University Press, 1999.

KEK-CCEE "Lettre commune de la KEK et du CCEE aux Églises d'Europe - Les Églises face au changement climatique." *La Documentation Catholique*, n°2437 (2010): 25-27.

Kellog, William W. "Influences of Mankind on Climate." *Annual Review of Earth and Planetary Sciences* 7 (1979): 63-92.

Kellog, William & Schneider, Stephen. "Global Air Pollution and Climate Change." *IEEE Transactions on Geoscience Electronics* 16 (1978): 251-263

Kerber, Guillermo. "Caring for Creation and Striving for Climate Justice." *International Review Mission* 99, n°2 (2010): 219-229.

Kheel, Marti, "Ecofeminism and Deep Ecology: Reflections on Identity and Difference." in Irène Diamond & Gloria Orenstein, ed., *Reweaving the World: The Emergence of Ecofeminism*. San Francisco: Sierra Club Books, 1990.

Kiesel, Véronique. "Des déchets toxiques devenus très politiques." *Le Soir*, 8 septembre 2006, 19.

Kindleberger, Charles P. "International public goods without international government." *The American Political Review* 76, n°1 (1986):22-26.

Lafaye, Claudette "Une justification écologique? Conflits dans l'aménagement de la nature." *Revue française de sociologie* 34 (1993): 495-524.

Laurent, Eloi. "Climat: qui doit payer pour le réchauffement?" *Alternatives Economiques* 295 (2010): 12.

Lacroix, Michel. "Pour une éthique écologiste." *Éthique* 13, n°3 (1994):54-66.

Landsea, Christopher."Science Policy: General Category Index." *Prometheus* n° 37 du 17 janvier 2005.

Le Treut, Hervé. et al., "Uncertainities attached to global or local climate changes." *Comptes Rendus Geoscience* 340 (2008): 584-590.

Lille, François. "Un bien public mondial: l'énergie." *Hémisphères* 20 (2003): 52-59.

Lossky, Nicolas. "L'homme, roi de la création. Perspective orthodoxe." in Danièle Hervieu-Léger, *Religion et Écologie*. Paris: Cerf, 1993, 47-54.

Louth, Andrew. "Ascèse." in Jean-Yves Lacoste (sous la direction de), *Dictionnaire critique de théologie.* Paris: Presses Universitaires de France, 1998.

Lynas, Mark. "Why it's wrong to preach 'climate justice'." *NewStatesman* 139 (2010): 42.

Marchand, Jean-Pierre. "Le climat : De l'analyse spatiale au stéréotype." *Études rurales* 118/119 (1990): 83-102.

Marion, Jean-Luc. "Au nom: Comment ne pas parler de 'théologie négative': Langage apophatique." *Laval théologique et philosophique* 55 (1999): 339-363.

McDaniel, Jay. "Where Is the Holy Spirit Anyway? Response to a Sceptical Environmentalist." *Ecumenical Review* 42 (1990): 165.

McCoy, Charles S. "Creation and Covenant: A Comprehension Vision for Environmental Ethics." in Carlos S. Robb & Carl J. Casebolt eds., *Covenant for a New*

Creation. Ethics, Religion, and Public Policy. Maryknoll, N.Y.: Orbis Books, 1991, 212-228.

Memmi, Dominique. "Administration du vivant et sacralité." *Vingtième Siècle. Revue d'histoire* 87 (2005): 143-157.

Molobi, Victor. & Field, David. "Seeking eco-Justice in the south African Context." in Roger S. Gottlieb ed., *This Sacred Earth. Religion, Nature and Environment*. New York: Routledge, 2nd edition, 2004, 661-680.

Moltmann, Jürgen. "De la domination à la solidarité." *Relations* 699 (2005): 22-25.

Musgrave, Richard A. "Merit Goods." in John Eatwell, Murray Milgate and Peter Newman eds., *The New Palgrave: A Dictionary of Economics,* vol. 3. London: Macmillan, 1987, 452-453.

Mynatty, Hormis. "From 'Fundamental option' to 'Social sin, a search for an integrated theology of sin'." Unpublished doctoral dissertation, Faculty of Theology, K.U.Leuven, 1989.

Nash, James. "Biotic Rights and Human Ecological Responsibilities." *Annual of the Society of Christian Ethics* (1993): 154-157.

Nebel, Mathias. "Espérance et Bien commun : de la scolastique à la liberté." in Anto Gavric & Grzegorz W. Sienkiewicz éds., *État et Bien Commun. Perspectives historiques et enjeux éthico-politiques, Colloque en hommage à Roger Berthouzoz*. Berne: Editions Peter Lang, 2008, 217-232.

Rémond Gouilloud, Martine. "Le kaleidoscope." *Éthique* 13, n°3 (1994): 67-75.

Paillard, Didier. "Climate and the Orbital Parameters of the Earth." *Comptes Rendus Geoscience* 342 (2010): 273-285.

Parmesan, Camille and Gary Yohe. "A globally coherent fingerprint of climate change across natural systems." *Nature* 2 (2003): 37-42.

Paul VI. "For the observance of a day of peace." *L'Osservatore Romano*, January 19, 1968.

--------- "Message du Pape Paul VI à l'occasion de l'ouverture de la Conférence des Nations-Unies sur l'environnement." *La Documentation Catholique,* n° 1613 (1972): 668-669.

Perthuis de, Christian. "Négociations climatiques: les enjeux du Post-Copenhague." *L'économie politique* 46 (2010): 28-36.

Pian, Christian. "*Laudato Si'*: La proposition d'une éthique écologique intégrale." *Revue d'éthique et de théologie morale* 2016/1 (n° 288):33-52.

Raffin, Jean-Pierre. "De l'Écologie." *Éthique* 13, n° 3(1994): 35- 46.

Ragueneau, Olivier. & Millet, Damien. "Changement climatique et dette du Sud : un peu d'arithm-éthique…" *Le Journal des Alternatives* 13 (2009): 23.

Rahmstorf, Stefan. "Response to Comments on a semi-empirical approach to projecting future sea-level rise." *Science* 317(2007): 1866d.

Rockström, Johan. et al., "A safe operating space for humanity." *Nature* 461 (2009): 473.

Rouillon, Sébastien. "Catastrophe climatique irréversible, incertitude et progrès de la connaissance." *Revue économique* 52 (2001): 61-90.

Sachs, Wolfgang. "De l'huile sur le feu. La lutte pour les ressources attise l'insatisfaction planétaire" *Annuaire suisse de politique de développement* 25, n°2 (2006): 262-283.

Sainteny, Guillaume. "La rétribution du militantisme écologiste," *Revue française de sociologie* 36 (1995):473-498.

Schwartz, Thomas. "Welfare judgments and future generations." *Theory and Decision* 11 (1979): 181-194.

Schenker, Adrian. "La Bible, l'État et le Bien commun: Mensonge à l'opposé du bien commun," in Anto Gavric et Grzegorz W. Sienkiewicz éds., *État et Bien Commun. Perspectives historiques et enjeux éthico-politiques, Colloque en hommage à Roger Berthouzoz*. Berne: Editions Peter Lang, 2008, 181-186.

Schneider, Stephen H. "Debating Gaia." *Environment* 32, n°4 (1990): 32.

Scimemi, Gabriele. "Aspects éthiques: Éthiques et Politiques environnementales." in René Coste & Jean-Pierre Ribaut (sous la direction de), *Sauvegarde et Gérance de la Création.* Paris : Desclée, 1991, 223-236.

Selling, Joseph. " Is a Personalist Ethic Necessarily Anthropocentric?." *Ethical Perspectives* 6 (1999): 60-66.

-------------------. "*The Human Person.*" in Bernard Hoose, ed., *Christian Ethics: An Introduction*. London: Geoffrey Chapman, 1998, 95-109.

Sirico, Robert A. "Foreword." in Michael B. Barkey, *Environmental Stewardship in the Judeo-Christian Tradition. Jewish, Catholic, and Protestant Wisdom on Environment*. Grand Rapids: Acton Institute, 2000, vii.

Spangler, David. "The meaning of Gaia." *Earth and Spirit* 24 (1990): 44.

Sperber, Faber. & Paris, Robert. "Que penser de la thèse du 'réchauffement global d'origine anthropique'." *Matière et Révolution* 2 (2003): 4-11.

Sperling, Frank. "Pauvreté et changement climatiques. Réduire la vulnérabilité des populations pauvres par l'adaptation." *Revue économique* 54 (2003): 837.

Stenger, Marc & Catherine Billet. "*Laudato Si'* : événement ecclésial et mondial." *Revue d'éthique et de théologie morale* 2016/1 (n° 288) : 15-33.

Stiglitz, Joseph. "Theory of Local Public Goods." in Martin S. Feldstein & Robert P. Inman, eds., *The Economics of Public Services*. New York: Halsted Press, 1977.

-------------------- "Knowledge as a public global good," in Inge Kaul (et al.), *Global Public Goods. International Cooperation in the 21st Century*. Oxford: Oxford University Press, 1999.

Storm, Servaas. "Capitalism and Climate Change: Can the Invisible Hand Adjust the Natural Thermostat?" *Development & Change* 40 (2009): 1011-1038.

Straub, Willt. "Aspects socio-économiques." in René Coste & Jean-Pierre Ribaut (sous la direction de), *Sauvegarde et Gérance de la Création.* Paris : Desclée, 1991, 103-120.

Suzy, Nelson. "Stewardship of the Built Environment in England: Lessons for Developing Sustainable Communities." *Planning Practice & Research* 26 (2011): 1.

Talbot, André. "Le développement solidaire et durable: une perspective éthique." in Marc Stenger (ed.), *Planète Vie, Planète Mort, L'heure des choix.* Paris: Cerf, 2005, 137-152.

The first National People of Color Environmental Leadership Summit. "Principles of Environmental Justice." in Roger S. Gottlieb ed., *This Sacred Earth. Religion, Nature and Environment.* New York: Routledge, 2nd edition, 2004, 729-730.

Timlin, Michael S. & Walsh, John E. "Historical and Projected Distributions of Daily Temperature and Pressure in the Arctic." *Arctic* 60 (2007): 389-400.

Turina, Isacco. " L'église catholique et la cause de l'environnement." *L'imaginaire écologique* 60 (2013): 20.

Turner, Marie. "The Spirit of Wisdom in All Things: The Mutuality of Earth and Humankind." in Norman C. Habel & Peter Trudinger, eds., *Exploring Ecological Hermeneutics.* Atlanta: Society of Biblical Literature, 2008, 113-121.

Vaillancourt, Louis. "Le concept de stewardship chez Douglas J. Hall comme fondement d'une théologie écologique christocentrée." *Sciences Religieuses/Studies in Religion* 29, n°1 (2000): 35-53.

Vanderheiden, Steve."Distinguishing Mitigation and Adaptation." *Ethics, Place and Environment* 12 (2009): 283–286.

Ver Eecke, Wilfried . "Le concept de 'bien méritoire' ou la nécessité épistémologique d'un concept éthique dans la science économique." *Laval théologique et philosophique* 57(2001): 23-40.

Verstraeten, Johan. *Christian Social Traditions and Societies course document* 2010-2011. Unpublished course notes. Leuven: Faculty of Theology, K.U.Leuven 2011.

Vial, Eugène. "Le concept de responsabilité envers les générations futures dans la gestion et le stockage des déchets radioactifs." *Alternatives économiques* 34 (1997): 32.

Urvoy Sanghare, Marie-Laure. "Les biens publics mondiaux dans la perspective des Objectifs du millénaire pour le développement. Critique des orientations du groupe de travail international mandaté par la France et la Suède sur les biens publics mondiaux." *Chroniques de la Gouvernance*, 23 (2005): 16-22.

Wallace, Mark I. "Environmental Justice, Neopreservationism, and Sustainable Spirituality." in Roger S. Gottlieb ed., *This Sacred Earth. Religion, Nature and Environment.* New York: Routledge, 2nd edition, 2004, 596-612.

Ward, Barbara. & Dubos, René. "*Only One Earth.*" in UNEP, *United Nations Conference on the Human Environment, Stockholm, Sweden, 5-16 june 1972.* New York: The UNEP Publications, 1972, 48-52.

Wardekker, J. Arjan. "Ethics and public perception of Climate Change: Exploring the Christian voices in the US public debate," *Global Environmental Change-Human and Policy dimensions* 19 (2009): 512-521.

Warner, Keith . "Was St Francis a Deep Ecologist?" in Albert J. LaChance & John E. Carroll eds., *Embracing the Earth. Catholic Approaches to Ecology.* Maryknoll, N.Y.: Orbis Books, 1994, 225-240.

Westhelle, Vitor. "The Poet, the Practitioner, and the Beholder: Remarks on Philip Hefner's Created Co-Creator'," *Zygon: Journal of Religion and Science* 39 (2004): 748.

White, Lynn. "The Historical Roots of our Ecological Crisis." *Science* 155 (1967): 1203-1204.

Wilcke, H.C.D. "La Police de la Nature" in Charles Linné, ed., *L'Équilibre de la Nature*. Paris: Vrin, 1972, 118.

Wolf, Jacob and M. Gjerris. "A religious perspective on climate change." *Studia Theologica-Nordic Journal of Theology* 63 (2009): 119-139.

Wright, Dick. "Responsibility for the Ecological Crisis," *Bioscience* 1 (1970):851-853.

SOURCES INTERNET

Batenbaum, Jean-Charles. "Changement climatique, l'Afrique demande des réparations." Disponible sur http://www.actualites-news-environnement.com/21361-changement-climatique-afrique-reparations.html. (consulté le 20 octobre 2010).

Caritas International. "*Justice climatique: A la recherche d'une éthique globale.*" Disponible sur http://www.caritas.org/includes/pdf/climatejusticefra.pdf. (consulté le 20 février 2010).

CCNUCC. "La Convention cadre des Nations Unies sur les changements climatiques reçoit des promesses de réduction et de limitation des émissions de gaz à effet de serre." Disponible sur http://www.unep.org/Documents.Multilingual/Default.asp?DocumentID=612&ArticleID=6456&l=fr. (consulté le 13 mai 2010).

--------------. CCNUCC. Disponible sur http://unfccc.int/portal_francophone/items/3072.php. (consulté le 28 juin 2010).

CGDD. "Jusqu'en 2007 et malgré les efforts, le CO2 a gagné la partie en France." Disponible sur http://www.lepoint.fr/images/2010/08/12/143079-74143-jpg_50816.jpg. (consulté le 14 juillet 2010).

Northcott, Michael. "The Ecological Spirit: Being Church and Being Creatures." Conférence donnée dans le cadre du theme *Jesus and the Earth: the Gospel and the Future of the Environment* le 8 février 2003 à l'Université de Gloucestershire en Grande Bretagne. Disponible sur http://www.jri.org.uk/resource/northcott_ecological_spirit.pdf (consulté le 8 février 2011).

PNUE. "250 millions de réfugiés écologiques." Disponible sur http://www.goodplanet.info/Societe/Refugies/Refugies-environnementaux (consulté le 02 juillet 2010).

UNFCCC. "Changement Climatique : Les pays riches devant leur responsabilité historique." Disponible sur http://www.temoignages.re/changement-climatique-les-pays,44844.html (consulté le 20 juillet 2010).

UNFCCC. "Climat : 46 pays déblayent la voie pour la création d'un Fonds Vert à Cancùn." Disponible sur http://www.temoignages.re/climat-46-pays-deblayent-la-voie,45436.html (consulté l 2 mai 2011).

WWF. "Réchauffement : un rapport très pessimiste." Disponible sur http://www.futura-sciences.com/fr/news/t/climatologie-1/d/rechauffement-un-rapport-du-wwf-tres-pessimiste_20400/ (consulté le 06 juillet 2011).

Printed by Books on Demand GmbH, Norderstedt / Germany